無量壽經

賴永海◆主編
陳　林◆譯注

前言

如所周知，淨土思想產生於古代印度，甚至可溯源於古老的婆羅門教盛行時代（毘濕笯所在的天界可視為淨土思想的萌芽），部派佛教大眾系經典中大量的佛陀「本生」故事則是佛教淨土思想的更直接的源頭。當然，淨土思想真正的流行乃是伴隨著大乘佛教的興起而開始的。大乘佛教將佛陀進一步神化，並主張有無量諸佛，諸佛在其國土教化眾生，眾生若能發菩提心，廣修菩薩道，即可成佛。大乘菩薩為度眾生出離生死苦海，本著「自利利他」的精神，立下成就眾生、建設特定淨土的種種別願，如《阿閦佛國經》中的阿閦佛二十願，《彌勒菩薩所問本願經》中的彌勒十善願，《藥師如來本願功德經》中的藥師佛十二願，《藥師琉璃光七佛本願功德經》中的七佛藥師四十四願，《大方廣佛華嚴經入不思議解脫境界普賢行願品》中的普賢菩薩十願，《悲華經》中的釋迦牟尼佛五百願和無諍念王、觀世音、大勢至、文殊等菩薩之願，《文殊師利佛土嚴淨經》中的文殊嚴淨佛土之願，以及《無量壽經》中的阿彌陀佛四十八大願等等，而這些本願的實現即意味著佛國淨土的建成，一佛一淨土，因此便有了大乘佛教中無量無盡的佛、菩薩淨土的種種說法。如《彌勒上生經》中的兜率天淨土、《妙法蓮華經》中的靈山淨土、《華嚴經》中的蓮華藏世界、《藥師琉璃光如來本願功德經》中的琉璃淨土、《大寶積經》中的阿閦佛東方妙喜淨土、《密嚴經》中的密嚴淨土，以及《無量壽經》中的阿彌陀佛淨土等等。

然而，凡此種種淨土思想儘管在其故土印度生根發芽，但並沒有產生太大影響，真正產生巨大影響並最終開花結果的是在中國。據史料記載，早在東漢時期，即有阿彌陀佛淨土類經典傳入中國。南北朝時期，彌勒淨土與彌陀淨土信仰盛行於世。進入隋唐之後，作為十方佛淨土中最為殊勝者姿態出現的阿彌陀佛淨土——西方極樂世界最終脫穎而出，並進而開出漢傳佛教中滲透力最強、影響最廣泛的一個宗派——淨土宗。而在南宋以後，隨著天臺、華嚴等漢傳佛教宗派的日漸衰落，更出現了諸宗導歸淨土的局面。「家家阿彌陀，戶戶觀世音」，無疑正是彌陀淨土信仰在中國民間社會產生極大影響之盛況的絕佳概括。佛教史家方立天甚至認為，阿彌陀佛乃是中國佛教信徒最為普遍的崇拜對象，彌陀淨土信仰「成為包括後來禪宗在內的中國佛教重要宗派的共同的終極信仰」。

據統計，現存大乘經論中，與阿彌陀佛及其西方極樂淨土相關的即有兩百多部，約占整個大乘經論的三分之一。而其中最具代表性也最有影響的經論是所謂的淨土「三經一論」，其中，「三經」分別為(1)《無量壽經》：以曹魏康僧鎧所譯的二卷本（簡稱「大經」、「雙卷經」）為代表；(2)《觀無量壽經》：以南朝宋畺良耶舍所譯一卷本為代表；(3)《阿彌陀經》：以後秦鳩摩羅什所譯一卷本為代表。「一論」指世親菩薩造《無量壽經優婆提舍願生偈》（即《往生論》、《淨土論》）一卷，為元魏時期菩提流支所譯。當然，「淨土三經」的說法應該說最初始於日本淨土宗，日本淨土宗開祖法然上人將上述三經定為該宗的根本經典，並在日後成為日本淨土教各宗派共同尊奉的正依經典。據學者研究，中國佛教將《無量壽經》、《觀無量壽經》和《阿彌陀經》並稱為「淨土三經」，可能晚至明末清初。近代中國淨土宗廣為流傳的還有「淨土四經」或「淨土五經」的說法。「淨土四經」是指三經之外再加上《華嚴經‧普賢行願品》，「淨土五經」則是四經之外再增加《楞嚴經‧大勢至菩薩念佛圓通章》。但無論是哪一種說法，本書所要釋譯的《無量壽經》都是淨土宗諸經論中分量最重、最值得關注的一部經典。如近代淨土宗大師印光在論及「淨土五經」次第時即明確指出：「若論法門緣起，宜以《無量壽經》為首。」

一般認為，《無量壽經》在一—二世紀印度貴霜王朝時期即已流行於印度犍陀羅地區。在漢傳佛教淨土宗的基本經典中——無論是「淨土三經」還是「淨土四經」、「淨土五經」，《無量壽經》都可謂篇幅最長、內容最全面的一經，淨土宗的基本教義、教理以及大部分修行方法均可在此經中找到理論依據。因此，自佛法東傳以來，《無量壽經》譯本眾多，注家不斷，不僅中國，而且在韓國、日本等地也有多種注疏本流行。

對於本經的地位，清代居士彭紹升曾有評價云：「《無量壽經》者，如來稱性之圓教，眾生本具之化儀。」日本僧人道隱亦稱此經為：「如來興世之正說，奇特最勝之妙典；一乘究竟之極說，速疾圓融之金言；十方稱讚之誠言，時機純熟之真教也。」民國著名居士梅光義更盛讚此經為：「如來稱性之極談，眾生本具之化儀；一乘之了義，萬善之總門；淨土群經百數十部之綱要，一大藏教之指歸也。」衡諸本經在中國佛教發展史上的影響，上述評論未免溢美之辭有過實情，但也確實在一定程度上反映了《無量壽經》在淨土宗諸重要經典乃至整個漢傳經藏中不容忽視的重要性。也正因此，近世以來有不少教內人士將此經視為淨宗「總綱」，盛譽之為「淨宗第一經」。

由於《無量壽經》漢文譯本眾多，有「五存七欠」共計十二種之說，宋代以來又有多種會集本、節校本問世，在用語、詳略乃至內容方面多有不同之處，且各譯本之間的同異以及譯者等問題在教界、學界亦多有異說，因此有必要首先對本經譯本基本情形以及本書釋譯所取版本等問題做一簡要說明。

一、《無量壽經》的譯本

據《歷代三寶記》、《開元釋教錄》等經錄記載，自漢及宋，《無量壽經》漢文譯本前後有十二種之多，一部經典有如此之多的異譯本，這種情形在整個中國佛教譯經史上也殊為少見。具體而言，現存在藏的異譯本有五種，分別是：

1.《無量清淨平等覺經》二卷（現為四卷），東漢月支僧人支婁迦讖譯，收於《大正藏》第十二冊；

2.《佛說無量壽經》二卷，現行本據《開元釋教錄》所載為天竺三藏康僧鎧於曹魏嘉平四年（二五二）所譯，收於《大正藏》第十二冊；

3.《阿彌陀三耶三佛薩樓佛檀過度人道經》二卷，吳月氏優婆塞支謙譯，收於《大正藏》第十二冊；

4.《大寶積經無量壽如來會》（即《大寶積經》第五會）二卷，唐天竺三藏菩提流志譯，收於《大正藏》第十一冊；

5.《大乘無量壽莊嚴經》三卷（或二卷），又作《大乘無量壽莊嚴王經》，略稱「無量壽莊嚴經」、《莊嚴經》，北宋中印度那爛陀寺僧法賢譯，收於《大正藏》第十二冊。

此外，各經錄有記載但目前不存的譯本還有：

1.《無量壽經》二卷，東漢安世高譯；

2.《無量清淨平等覺經》二卷，曹魏帛延譯；

3.《無量壽經》二卷，西晉竺法護譯；

4.《無量壽至尊等正覺經》一卷，東晉竺法力譯；

5.《新無量壽經》二卷，劉宋佛陀跋陀羅（又作「佛馱跋陀羅」）譯；

6.《新無量壽經》二卷，劉宋寶雲譯；

7.《新無量壽經》二卷，宋曇摩密多譯。

以上即是傳統所謂的漢譯《無量壽經》的「五存七欠」或「五存七缺」說。不過，後世不少佛教史家對此說法有頗多質疑，特別是現代以來，坪井俊映、望月信亨、境野黃洋、中村元、香川孝雄等日本學者在對照經錄、現存在藏各譯本、敦煌文書、梵文原本，以及藏文譯本等進行勘定，推翻了《無量壽經》的漢文異譯本有十二種的傳統看法，認為許多譯本是誤將一經分屬多位譯者，進而被《歷代三寶記》等經錄誤載所致。如坪井俊映認為：「如現存的流志所譯《無量壽如來會》，法賢譯《無量壽莊嚴經》，這都是沒有異議的。至於其他諸種譯本，則異說紛紜莫定，所謂七缺與現存相互比較，大概多半是經錄的誤說或重記。」境野黃洋也認為：「所謂七缺異譯的諸經，並非是原有的翻譯，而是開元錄在經錄製作之時，無批判地納入諸經，而造成了這樣許多的經名譯本。」具體而言，現行的曹魏康僧鎧譯本，在《出三藏記集》和梁《高僧傳》中都沒有記載，《開元釋教錄》（又作「開元錄」）以前隋、唐諸經錄中都將該譯本列為法護所譯，《歷代三寶記》則並載僧鎧和法護兩種譯本。但此經的譯語、譯例與宋寶雲所譯的《佛本行經》等卻非常接近。寶雲譯本已見諸《出三藏記集》卷二所載，可見從那時以來一向存在，到隋代才成缺本，今本或即寶雲所譯，被輾轉誤題為魏譯本。另一現存的異譯本《無量清淨平等覺經》，依《開元錄》題為支婁迦讖所譯，而梁《高僧傳》和《開元錄》以前隋、唐諸經錄中卻均將它作為曹魏帛延譯。但《出三藏記集》卷二又錄有法護譯《無量壽經》，一名《無量清淨平等覺經》二卷，勘諸法護其他譯籍，與此經譯語、譯例等又相當一致，因此該經或即原為法護譯本亦未可知，如香川孝雄即明確認為該譯本為法護所譯。至於七部缺失的異譯本，晉竺法護和宋寶雲譯本可能即是支婁迦讖和僧鎧譯本，前已論及，而東漢安世高譯本、東晉竺法力譯本在《出三藏記集》等古錄中未列，僅據歷來被視為「偽真淆亂」的《歷代三寶記》的載錄，誤錄的可能性頗高。又據《出三藏記集》卷二所載，劉宋佛馱跋陀羅和寶雲兩人皆於劉宋永初二年（四二一）揚都道場寺同時同處譯出同名《新無量壽經》二卷，顯然不合常理，望月信亨認為極有可能「最初二人共譯，後來由寶雲修正」。

根據中國佛教協會新編《中國佛教》對《無量壽經》版本情況的梳理，本經的藏文譯本，由勝友、施戒與智軍合譯，經題為「聖無量光莊嚴經」，現存於藏文大藏經「甘珠爾」部中。而其梵文原本，則於十九世紀中在尼泊爾被發現，英國宗教學家馬克斯·穆勒（Friedrich Max Müller, 1823-1900）和日本南條文雄於一八八三年予以刊行，與《阿彌陀經》一起編為《佛說無量壽經梵文和譯支那譯五譯對照》。後來又譯為英文，收於一八九四年出版的《東方聖書》第四十九卷中。此經的日文譯本，有南條文雄、荻原雲來、椎尾辨匡、河口慧海、寺本婉雅、青木文教、中村元等依據梵、漢、藏文本譯出多種。當然，在古代，日本、韓國、越南等國一般均通行漢文譯本，尤以曹魏康僧鎧譯的《無量壽經》在各國流傳最廣。

據相關學者研究，此經梵本和各種譯本在敘述彌陀成佛的因果、淨土依正二報、眾生往生的行果等主體內容方面基本相同，僅部分細節互有出入，如序分中來會的聽眾數目以及正宗分、流通分中的某些段落，各本在文字詳略、段落次第、偈頌長短等方面稍有出入。其中最為人們關注的是經中法藏菩薩在因地所發本願的數目方面的差別，其中曹魏譯、唐譯皆為四十八願，東漢、東吳兩譯皆為二十四願，宋譯為三十六願，而藏譯則有四十九願，同時，這些願文內容也不完全一致，次第亦不盡相同，但總體而言，漢吳二譯，內容相近，願目相同，似出自同一梵本；曹魏、唐二譯，同為四十八願，內容大體相近，或出同一梵本；宋譯三十六願，可能出自另一梵本。因而近世學者據此推測，此經梵本原本就有數種。目前已發現的梵文抄本已有二十多種，其中包括在中國發現的中亞驢唇體文本。

二、《無量壽經》的會校與注疏

儘管《無量壽經》諸漢譯本的基本框架與內容大體相同，但經題、本願數量、次第，以及部分內容等方面的差異，致使虔心學者往往難以適從，進而亦使得該經的流通受到較大影響，這就足以使一些虔誠的彌陀淨土信仰者對於該經的不同譯本進行校正會集，以期獲得一個盡善盡美的經典依據。從宋代至今，《無量壽經》的會校本共有四種，分別為：

1.**《大阿彌陀經》**：南宋廬州龍舒人王日休校輯。王日休在比較《無量壽經》四種譯本（缺唐譯本）的基礎上，認為諸譯本或過於繁瑣，或失於簡略，或經義含混，因此本著取其所優，去其所劣的原則，用三年時間，苦心孤詣，完成《無量壽經》的校輯。王日休的會校本在後世產生了較大影響，被收入清《龍藏》和日本《大正藏》。晚明高僧蓮池袾宏稱其「簡易明顯，流通今世，利益甚大」，近代淨土宗師印光亦認為王本「文義詳悉，舉世流通」。然而，該會校本亦非盡善，蓮池袾宏、彭紹升等人認為其有自撰文句、取捨失當等弊病。

2.《無量壽經》：清居士彭紹升節校。該本只是在曹魏譯的基礎上做了一些技術性處理，而非諸譯的會集本。

3.《摩訶阿彌陀經》：清居士邵陽魏源會集（原名《無量壽經》，後經正定王蔭福居士校訂，並改今名）。魏源首開以五種存世異譯本進行會校之先河，並有見於王日休隨意自撰經文之失，提出「無一字不有來歷」的會集原則，但自身並沒有將此原則貫徹始終，印光法師甚至指斥其「膽大心粗，不足為訓」。

4.《佛說大乘無量壽莊嚴清淨平等覺經》：民國居士鄆城夏蓮居會集。夏蓮居（一八八四—一九六五），本名夏繼泉，字溥齋，號渠園。中年以後專修淨業，改名「蓮居」，又號「一翁」。早年曾任清末官員，後參與辛亥革命，被公推為山東省各界聯合會會長，宣告山東獨立。早年學儒，先程朱而後陸王，中年後，潛心內典，傾心於宗教文化事業。其有見於王、彭、魏三家會校本之疏失，發心重新會集《無量壽經》。一九三二年，自日本避難回國以後，掩關津門，萬緣俱屏，歷時三載，在五種古譯本基礎上，結合此前三家校本，詳參互校，反覆斟酌，數易其稿，最終完成《佛說大乘無量壽莊嚴清淨平等覺經》。該會校本一經問世，便引起廣泛反響。曾風靡一時，甚至出現了夏會本印行幾百萬冊、人人爭相誦讀的盛況。儘管直至今天，在佛教界對於《無量壽經》諸譯本能否會集、夏蓮居會集本是否完全契合原經經旨等問題，仍然有不少爭議甚至批評。但正如有學者指出的：夏會本文簡義豐，詞暢理圓，「與前三種會校本比較，後後勝於前前」，且在海內外流通最為廣泛，有鑑於此，本書釋譯以該本為底本。

有關《無量壽經》的注疏，如前所述，該經諸異譯本中以曹魏譯本最為流行，因此近代以前的注經者，一般都以曹魏譯本為底本。目前中國古代注疏僅存兩種，分別為：

1.《無量壽經義疏》二卷，隋淨影寺慧遠撰，世稱「淨影疏」，是《無量壽經》最早的注疏，該疏對本經的三分科為後來的注經家所沿用。

2.《無量壽經義疏》一卷，唐嘉祥寺吉藏撰，世稱「嘉祥疏」，此疏從三論宗的視角詮釋淨宗。

而目前已經佚失的重要注疏則有：

1. 靈裕的《無量壽經義疏》二卷；
1. 知玄的《無量壽經疏》三卷；
3. 法位的《無量壽經義疏》二卷；
4. 圓測的《無量壽經疏》三卷；
5. 大賢的《古迹記》一卷；
6. 義寂的《無量壽經疏》三卷；
7. 寂證的《無量壽經述義》三卷。

另有新羅國兩家的注疏也曾廣泛流通，即：

1.《無量壽經宗要》一卷，新羅國黃龍寺沙門元曉撰，世稱「海東疏」。

2.《無量壽經連義述文贊》三卷，新羅國沙門璟興撰，世稱「璟興疏」。

淨影、吉藏、元曉、璟興的注疏，歷史上影響較大，被稱為「無量壽經」四大注疏。而日本淨土宗學僧，對《無量壽經》的注疏則至少有二十多種。有代表性的有望西樓了惠所撰《無量壽經鈔》七卷，越前勝授寺峻諦所撰《無量壽經會疏》十卷，薏報專坊慧雲所撰《無量壽經永安錄》十三卷，以及道隱所撰《無量壽經甄解》十八卷等等。

另外還有針對《無量壽經》諸會校本的注疏多種，如針對彭紹升節校本的有彭紹升本人所撰的《無量壽經起信論》，民國丁福保所撰的《無量壽經箋注》；針對魏源會集本的有清王耕心所撰《摩訶阿彌陀經衷論》；而針對夏蓮居會集本的注疏則有臺中李炳南居士所撰的《佛說大乘無量壽莊嚴清淨平等覺經眉注》，以及北京黃念祖居士所撰的《佛說大乘無量壽莊嚴清淨平等覺經解》。同時夏會本在當代尚有幾種白話譯釋本，如文軍注譯的《白話無量壽經》，曹福今、張玉明譯注的《無量壽經》，以及釋淨空所撰的《大乘無量壽經簡注易解》等等。

三、《無量壽經》的主要思想

《無量壽經》主要講述阿彌陀佛在因地所發四十八大願和為實現誓願所做的功德，以及他本願圓滿、成就佛果後所建立的西方極樂淨土世界的殊勝情形，同時指出了志求往生者所必需的種種修行法門，另外，該經對於娑婆世界劇惡極苦的真相亦做了大量描述，以引發眾生的厭離心。簡言之，本經主要包括阿彌陀佛成佛的因果，淨土依正二報以及眾生往生的行果幾部分。以下根據本經品次分述其主體內容如下：

㈠普賢妙德，本經緣起

第一品至第三品為全經「序分」，第一、二品為「通序」，主要介紹了釋迦牟尼佛宣說本經的時間、地點、參加法會會眾及其所具的普賢妙德，暗顯普賢「十大願王導歸極樂」的根本宗旨。第三品為「別序」，以世尊放現瑞光，當機者阿難啟問緣由，引出本經所出的根本因由，即「如來以無盡大悲，矜哀三界，所以出興於世，光闡道教，欲拯群萌，惠以真實之利」，顯示本經的殊勝。

㈡因地發願，圓滿成就

本經第四品至第十品，介紹阿彌陀佛於因地發心修道的因緣，即法藏比丘聽聞世間自在王如來說法，發菩提心，捐棄國王王位，精進修行，日益增上。並在世間自在王如來示現二百一十億諸佛國土以使其思維、抉擇的基礎上，法藏比丘稱性發起四十八大願，立誓普度眾生，後經無央數劫的積功累德，圓滿大願，成立西方極樂世界，自致成佛，一號「阿彌陀」。

㈢極樂世界，依正莊嚴

本經第十一品至第三十二品，極力鋪陳阿彌陀佛極樂世界的依正莊嚴。首先看依報：極樂淨土自然以七寶合成，面積恢廓廣大，不可極限，光明輝耀，微妙奇麗，清淨莊嚴，超越十方一切世界。其中遍布種種寶樹，或由一寶所成，或由多種寶物和合而成，無不依類各自成行，錯落有致，發出殊勝微妙的光彩，清風送爽，隨風奏樂，音調和雅。其堂舍樓觀，也都由七寶自然變化而成。泉水池塘，環繞互通；泉池之水，清澈湛淨，芬芳四溢，岸邊之樹，花果恆芳，光明璀璨；池中蓮花，色彩斑斕，繽紛耀眼。泉水自然隨順淨土眾生的心意，可以隨心所欲地變化深淺溫涼，更能揚波啟音，宣說種種妙法，使聞者都能聽到自己願聞的佛法。每到正午時分，就會自然吹起除垢與善、具足眾德的清風。風吹聲起，又能發出演說各種覺悟成佛大法的音聲，流溢散布種種溫和雅正的妙香，德風觸體，使人自然安樂和諧，調心適意。極樂世界又有漫天花雨，同樣具足不可思議的種種功德。凡此種種，無不意在為十方世界往生者提供一個殊勝的道場，在此淨土進德修業，斷盡煩惑，圓證菩提。故而，西方淨土的往生者，舉手抬足，聞聲嗅香，視色觸影，無一不在修證破無明顯般若的無上佛道。

其次看正報：阿彌陀佛光明的殊勝，為十方諸佛所不能及，因此有阿彌陀佛十二光佛的種種說法，眾生如能觸見此光，無不「垢滅善生」，「命終皆得解脫」。在極樂淨土，不僅佛壽無量、會眾無量，而且會眾壽命亦無量無盡。極樂世界所有菩薩的容貌、形相、氣質，乃至於他們的神威功德、階次品位、神通變化，都是十方世界一切天人遠不能相比的。極樂淨土中的一切生活日用，都能隨其所願，「應念現前，無不具足」。極樂淨土的眾生沒有對家室的執著與留戀，唯一享有的是由清淨之心所生發出的無上快樂，全都安住於正定之聚，註定要證得無上正等正覺。十方無量世界的一切諸佛，對於阿彌陀佛不可思議的無量功德交口稱頌，而他方世界諸菩薩眾，也都來到極樂世界，禮拜供養阿彌陀佛。西方極樂世界的菩薩，仰承阿彌陀佛神威之力的加持，能夠用極短時間，往復於十方無邊無量的佛國淨土，供養諸佛。供佛所需的花、香、幢、幡等供品，能夠隨其心意，立時而至。他們的神通光明，可以達到「洞視、徹聽八方、上下、去來、現在之事」的神通。而在諸聖眾之中，觀世音菩薩和大勢至菩薩最尊第一，他們的威神光明，普照三千大千世界；他們利樂眾生的功德，亦遠在其他菩薩之上。彌陀淨土的大菩薩無不願力宏深，決定成就一生補處，也即能夠一生而成佛。

(四)三輩往生，總示綱宗

本經第二十四品、第二十五品涉及到了本經根本宗旨所在，故需特別論及。第二十四品指出，往生極樂世界的眾生，根據其信願的深淺、發心的大小、持誦的多寡以及修習的勤惰等等分殊，分為各種不同的品類，即上輩往生者、中輩往生者和下輩往生者。值得注意的是，本品儘管將往生彌陀淨土者分為三類，但有一個基本原則是唯一不變的，即若論其所以能夠往生淨土的關鍵原因，則莫不在於能「發菩提心，一向專念阿彌陀佛」，而這也正是本經的綱領主旨所在。也就是說，如若往生，則信、願、持名這三個條件，缺一不可。「三輩往生」，為阿彌陀佛四十八大誓願中第十八「十念必生願」的成就，亦是所有誓願中的核心及其最終落實。第二十五品則進一步詳細闡述三輩往生的具體因行。即上輩往生者的正因在於：(一)受持本經，(二)求生淨土，(三)發菩提心，(四)嚴守經戒，(五)饒益有情，(六)憶佛念佛。中輩往生者的正因在於：(一)修行十善，(二)晝夜念佛，(三)志心歸依，(四)頂禮供養。下輩往生者的正因在於：㈠修行世俗善業，㈡忙裡偷閒，一心清淨，念佛往生。顯然，這些皆是「發菩提心，一向專念阿彌陀佛」的具體展開。

㈤娑婆濁苦，回頭是岸

本經第三十三品至四十二品，與此前極力描摹的極樂世界的依正莊嚴相對，主要講述娑婆世界的種種穢惡，眾生業障深重，「貪瞋癡」三毒熾盛，故由惑造業，苦報無盡，沉淪三途惡道苦海，痛不可言。眾生之「惡」有五，即殺生惡、盜惡、邪淫惡、妄語惡、飲酒惡等「五惡」，由此「五惡」導致「五痛」、「五燒」之深痛劇苦。在此基礎上，點出遭致痛苦的根本緣由，勸令眾生深明因果不爽之理，生發厭離娑婆世界之心，並進一步遠離各種惡業，自行正己端身，擇善而從，對於淨土法門，應當像貧窮的人得到珍寶一樣的珍惜，受持思考，精勤奉行，以求生極樂世界。其中第四十品還提出，眾生如果對如來果地的圓滿智慧持懷疑態度，或者儘管堅定相信佛智圓滿，但對自己的善根卻不夠自信，則雖可因其持續念佛不輟，以念佛的功德，結成往生極樂世界的善願之力，最終得以往生西方極樂世界，但由於其心念猶疑不堅，以疑惑心修諸功德，最終只能往生於極樂淨土的邊地疑城中，五百年中不能見佛，不得聽佛說法，不得自在。由此勸導人們，應當深信切願，無論對於圓滿佛智還是自身慧根，都莫生疑慮，一心求生淨土。

㈥讚歎佛德，勸令流通

第四十三品至四十八品，為本經的「流通分」，主要目的就是要付囑弟子令本經之教能流通遠布於後代。首先指出，本經絕非小乘，而是大乘第一解脫之道，任何以堅定不退信願，奉行、演說本經之人，都將普受成佛之記，也即將來一定成佛。為避免佛陀滅度之後，眾生重新生出疑惑，釋迦牟尼佛以慈悲哀憫之心，特留本經在世流通一百年，由此凸顯本經的非同尋常、無與倫比，以及本經所宣示的念佛往生法門的究竟方便和不可思議之殊勝。因此，佛陀反覆叮嚀、殷勤付囑與會眾生，務必全力守護本經，依教奉行，為人演說本經，廣利眾生，同時要精勤修行，堅定不移地受持此經，不可使它毀壞損失，不可妄自增添削減本經所教法門。對於此一經典，應當時時誦念，無有間斷。本經最後一品，極力宣說列舉聞聽釋迦牟尼佛說法之後，與會大眾所獲得的種種真實利益，以及三千大千世界所現出的種種神奇瑞相。

目次

前言 i
法會聖眾第一 1
德遵普賢第二 10
大教緣起第三 29
法藏因地第四 36
至心精進第五 44
發大誓願第六 52
必成正覺第七 81
積功累德第八 87
圓滿成就第九 95
皆願作佛第十 98
國界嚴淨第十一 101
光明遍照第十二 108
壽眾無量第十三 112
寶樹遍國第十四 116
菩提道場第十五 119
堂舍樓觀第十六 123

泉池功德第十七 126
超世希有第十八 133
受用具足第十九 137
德風華雨第二十 141
寶蓮佛光第二十一 144
決證極果第二十二 146
十方佛讚第二十三 149
三輩往生第二十四 152
往生正因第二十五 158
禮供聽法第二十六 164
歌歎佛德第二十七 172
大士神光第二十八 176
願力宏深第二十九 181
菩薩修持第三十 185
真實功德第三十一 194
壽樂無極第三十二 201
勸諭策進第三十三 207
心得開明第三十四 214
濁世惡苦第三十五 219
重重誨勉第三十六 231
如貧得寶第三十七 235
禮佛現光第三十八 241
慈氏述見第三十九 249
邊地疑城第四十 256

惑盡見佛第四十一 262
菩薩往生第四十二 269
非是小乘第四十三 274
受菩提記第四十四 278
獨留此經第四十五 283
勤修堅持第四十六 287
福慧始聞第四十七 290
聞經獲益第四十八 294

延伸閱讀 299

法會聖眾第一

佛經分章序品的一般體例，通常由三部分構成，即所謂「三分」——「序分」、「正宗分」、「流通分」。「序分」相當於一部佛經的引言，主述該經之由來、因緣；「正宗分」為全經主體部分，主述全經宗旨；「流通分」則為全經總結，主述受持本經的利益，並由此勸眾廣為流傳，使之流通久遠。「序分」又可分為「通序」和「別序」兩類，「通序」又稱「證信序」，為一切佛經所共通，有固定的格式；而「別序」則作為「通序」轉入「正宗分」的過渡，點明該經所出的特殊因緣，又稱「發起序」。

這一品經文，屬於全經「序分」中的「通序」部分，如大多數佛經一樣，也採用了「如是我聞。一時，佛在某處，與某大眾俱」的固定格式，本經為「如是我聞。一時佛在王舍城耆闍崛山中，與大比丘眾萬二千人俱」，其中，用以論證佛經確鑿無疑的六個要素（「六成就」）無一遺漏，即「如是」為「信成就」，指佛經內容皆為佛所親言，如實不虛，此為阿難之信；「我聞」為「聞成就」，指阿難親耳所聞，絕非輾轉傳聞；「一時」為「時成就」，指佛說該經的時間；「佛」為「主成就」，指說法者確定為佛；「在王舍城耆闍崛山中」為「處成就」，指說法的處所；「與大比丘眾萬二千人俱」為「眾成就」，指聽法的大眾。「一切大聖，神通已達」以下則是進一步說明當時親自參加釋迦牟尼佛講經說法大會的聽眾殊勝。

法會聖眾第一：夏蓮居會集各譯本所加品名，以下各品皆同，不再出注。

如是我聞❶。一時佛在王舍城耆闍崛山中❷，與大比丘眾萬二千人俱❸，一切大聖❹，神通已達❺。其名曰：尊者憍陳如、尊者舍利弗、尊者大目犍連、尊者迦葉、尊者阿難等❻，而為上首；又有普賢菩薩、文殊師利菩薩、彌勒菩薩❼，及賢劫中一切菩薩❽，皆來集會。

【譯文】

以下都是我所親聞的釋迦牟尼佛親言的開示。那時，釋迦牟尼佛在王舍城外的靈鷲山中說法，參會法眾，盛大稀有，有一萬二千大比丘共聚一堂。這些大比丘都是迴小向大、行菩薩道的大聖人，並且都已修得了神足通、天眼通、天耳通、他心通、宿命通、漏盡通等六種神通。他們包括：作為法會上首的憍陳如長老、舍利弗長老、大目犍連長老、迦葉長老、阿難長老等；還有普賢菩薩、文殊師利菩薩、彌勒菩薩以及現在世的所有菩薩，也都來此共聆佛法。

【注釋】

❶ 如是我聞：佛經開卷語。佛經基本皆以「如是我聞」開篇，大意為「以下都是我所親聞的釋迦牟尼佛親言的開示」，又作「我聞如是」或「聞如是」，意與前同。「如是」，指經中所敘述的佛之言說、行止，泛指經中所有內容；「我聞」，則是指經藏編集者阿難自言聽聞於佛之言行。又「如是」意為信順自己所聞之法，「我聞」則為能持所信之人，此即佛經證信序「六成就」中的「信成就」和「聞成就」。佛經之所以都以「如是我聞」開篇，據說是在佛陀寂滅之前，回答了其弟子阿難四個問題，其中之一就是「一切經首，當置何字？」目的就是要後世眾生對經典免生疑惑，佛陀的回答即是在結集經藏時，經的前面都以「如是我聞」開篇。其中「如是」表明佛經內容確實為佛陀親口宣說，沒有竄改增刪，以令眾人放心信仰，故為「信成就」；而「我聞」則是指在阿難於佛涅槃後結集經文為大眾登座重說時，大眾當時有三種疑惑：一種是錯認為佛又復活了，另一種誤認為阿難成佛了，再一種是誤以為他方世界的佛來到此土。「我聞」則正是針對上述疑惑，指出佛經內容只是我阿難從佛陀那裡親耳聽聞的，以消除大眾疑惑，故為「聞成就」。

❷一時：佛經開篇慣用語。直譯為「那時」，意指佛陀為大眾講經說法之時。「一時」為佛經「六成就」中的「時成就」，故佛經開篇在「如是我聞」之後，一般都緊接著要說「一時」。王舍城：古印度佛教勝地，釋迦牟尼傳教中心之一。音譯為「羅閱揭梨醯」、「羅閱祇」、「羅閱」、「曷羅闍利城」等。古印度摩揭陀國都城。釋迦牟尼生前經常在此進行傳教活動和居住。釋迦牟尼寂滅後，弟子們曾在此舉行佛教經藏的第一次結集。耆闍崛山：意譯為「靈鷲山」，或稱「鷲嶺」、「鷲台」。「耆闍」為鷲之一種，羽翼稍黑，頭部呈灰白色，毛稀少。據《玄應音義》卷七所述，此鳥有靈，知人死活，人欲死時，則群翔彼家，待其送林，飛下而食，故號「靈鷲」。此山為王舍城五山中最高大者，園林清淨，聖人多居此處。佛亦常住於此，諸大乘經典亦多在此山中說。然四阿含及南方所傳諸經典中，均未載此山，而多以給孤獨園、迦蘭陀竹園等為說法處。

❸大比丘：年長德高的比丘，亦有解釋為發大乘心，正菩薩道的比丘。所謂「比丘」，指年滿二十歲，受過具足戒的男性出家人，女性出家人稱為「比丘尼」。已受十戒，未受具足戒，年齡在七歲以上、未滿二十歲之出家男子則稱「沙彌」，女子稱「沙彌尼」。國人常將比丘稱為「僧人」或「和尚」，其實這三個詞彙原意並不相同。「僧」是梵語的音譯，全名為「僧伽」，指佛教僧團，是對出家眾（團體）的稱呼。「和尚」則是由梵語輾轉訛譯而來，原意指有德望的出家人，或對自已的師父的尊稱，故又譯為「親教師」。與「比丘」一詞，含義並不相同。

❹大聖：即前所謂「大比丘眾」。

❺神通：由修禪定與智慧而獲得的超自然、無礙自在、神變不可思議之妙用。又稱「神通力」、「神力」、「通力」、「通」。一般認為「神通」有神足通、天眼通、天耳通、他心通、宿命通、漏盡通六種：⑴神足通：又稱「神境智證通」、「身如意通」、「神境通」、「如意通」、「身通」。即身體具有飛天入地，出入三界，變化自在的能力。⑵天眼通：又稱「天眼智證通」、「天眼智通」。即洞見世間一切事物種種形色的能力。⑶天耳通：又稱「天耳智證通」、「天耳智通」。即聽聞世間一切聲音的能力。⑷他心通：又稱「他心智證通」、「知他心通」。即洞悉他人思想中各種善惡等事的能力。⑸宿命通：又稱「宿住隨念智證通」、「宿住智通」、「識宿命通」。即知曉自身及六道眾生前世宿命及所做之事的能力。⑹漏盡通：又稱「漏盡智證通」。即能斷一切煩惱惑業，永遠脫離生死輪迴的能力。六神通的獲得，各經所說有一定出入。《俱舍論》中說前五通凡夫亦可達到，只有阿羅漢、菩薩與佛才能得到第六通；《大智度論》中則說菩薩得五通，佛得六通；《成實論》中認為外道（即佛教以外的其他派別）亦可得五通，有所謂「五通仙人」。

❻尊者：梵語音譯為「阿梨耶」，指智、德兼備，為人所尊重者，是對阿羅漢的敬稱。又作「聖者」、「賢者」、「具壽」、「慧命」、「淨命」、「長老」。下座稱上座為尊者，上座稱下座為慧命。憍陳如：佛陀最初度化的五比丘之一。又作「阿若多憍陳那」、「阿若憍鄰」、「阿若俱鄰」、「憍陳那」、「憍陳如」、「居鄰」、「居倫」等。意譯「初知」、「已知」、「了教」、

「了本際」、「知本際」等。憍陳如為中印度迦毘羅國的婆羅門種，擅長占相之術，悉達多太子誕生第五日時，曾應召為其占相，他並預言太子必將成佛並救度人類。太子出家修苦行時，憍陳如與另外四人受淨飯王之託，陪伴太子至尼連禪河邊前正覺山從事苦修，後見太子廢苦行接受牧羊女的乳糜，乃與其他四人離太子而去。至釋尊成道以後，於鹿野苑見釋尊之莊嚴威儀，又聞其說法，乃率先皈依佛。在《增壹阿含經》中佛陀稱他為「我聲聞中第一弟子」，並稱讚他：「寬仁博識，善能勸化，將養聖眾，不失威儀。」舍利弗：佛陀十大弟子之一，有「智慧第一」之稱。又作「舍利弗多」、「舍利弗羅」、「舍利弗怛羅」、「奢利富多羅」、「設利弗呾羅」。意譯「鶖鷺子」、「鴝鵒子」。梵漢並譯，則稱「舍利子」、「舍梨子」。其母為摩揭陀國王舍城婆羅門論師摩陀羅之女，以眼似鶖鷺，乃名「舍利」；「弗」意為「子」。所以「舍利弗」一詞意即「舍利之子」。舍利弗自幼聰明穎悟，八歲就登外道的講座，對大眾說法。他十六歲到各國去遊說，說法弘揚，辯論無雙。學佛之後，七日之內即遍達佛法，智慧第一。舍利弗一生為僧伽長老崇敬，且屢為佛陀所讚美，後較佛陀早入滅。又據《法華經．譬喻品》所載，舍利弗得佛陀之記別，於未來世當得作佛，號「華光如來」。又現存之《阿毘達磨集異門足論》二十卷、《舍利弗阿毘曇論》三十卷，相傳係舍利弗所講說者。大目犍連：佛陀十大弟子之一，又作「摩訶目犍連」、「目犍連」、「大目干連」、「大目連」、「目連」、「目揵連」、「目伽略」、「勿伽羅」、「目犍連延」、「目犍羅夜那」、「沒特伽羅」、「毛伽利耶夜那」。意譯為「天抱」。被譽為「神通第一」。為古代印度摩揭陀國王舍城外拘律陀村人，婆羅門種。生而容貌端正，自幼即與舍利弗交情甚篤，同為刪闍耶外道之弟子，各領徒眾二百五十人。曾與舍利弗互約，先得悟解脫者必以相告，遂共競精進修行。後舍利弗因逢佛陀弟子阿說示（又名馬勝），而悟諸法無我之理，並告目犍連，目犍連遂率弟子一同拜謁佛陀，蒙其教化，時經一月，證得阿羅漢果。另據《盂蘭盆經》載，目犍連曾為救母出離餓鬼道，而於七月十五僧自恣之日供養十方大德僧眾，遂為後世盂蘭盆會之由來。迦葉（ㄕㄜˋ）：全名「大迦葉」、「摩訶迦葉」，又作「迦葉波」、「迦攝波」，意為飲光。為佛陀十大弟子之一。生於王舍城近郊之婆羅門家。於佛成道後第三年為佛弟子，八日後即證入阿羅漢境地，為佛陀弟子中最無執著之念者。人格清廉，深受佛陀信賴。佛陀入滅後，成為教團之統率者，於王舍城召集第一次經典結集。後入雞足山入定，以待彌勒出世，方行涅槃。禪宗以其為佛弟子中修無執著行之第一人，特尊為「頭陀第一」；又以「拈花微笑」的故事，被視為傳佛心印的初祖，因此也被視為禪宗初祖。阿難：佛陀十大弟子之一，具稱「阿難陀」。意譯作「慶喜」、「歡喜」或「無染」。中印度迦毘羅衛國人，出於剎帝利族，為佛陀的堂弟。阿難出家隨侍世尊二十五年，佛所說的他都能夠記得住，一個字不忘。所以《涅槃經》稱阿難是「多聞士」，迦葉也稱讚說：「佛法大海水，流入阿難心。」所以阿難被稱為「多聞第一」。佛教經藏第一次結集時，由他負責誦出經藏，此後佛經為了取信於眾，皆自稱為阿難誦出。

❼普賢：中國佛教四大菩薩之一，亦譯「遍吉」，音譯「三曼多跋陀羅」。代表德行，法號為「大行

普賢」。漢傳佛教相傳四川峨嵋山為其顯靈說法的道場，為釋迦牟尼佛的右脅侍。以「理、定、行」三德著稱，與「智、慧、證」三德著稱的左脅侍文殊並稱。其塑像多騎六牙白象。普賢菩薩是大乘佛教之行願的象徵。他曾經在過去無量劫中，行菩薩行、求一切智，修集了菩薩救護眾生的無邊行願。因此，他也是大乘佛教徒在實踐菩薩道時的行為典範。在《華嚴經》裡，普賢菩薩勸人廣修十大行願，此即禮敬諸佛、稱讚如來、廣修供養、懺悔業障、隨喜功德、請轉法輪、請佛住世、常隨佛學、恆順眾生、普皆迴向等十項。普賢菩薩以此十願為眾生成就如來功德的主要法門。

菩薩：為「菩提薩埵」的略稱，又作「菩提索多」、「冒地薩怛縛」、「扶薩」；意譯為「覺有情」、「道眾生」、「道心眾生」、「開士」。指志求佛果者。即求無上菩提，利益眾生，修諸波羅蜜行，當來可成佛的大道心眾生。「菩薩」有時亦被尊稱為「大士」，音譯為「摩訶薩埵」或「摩訶薩」。此外，由於菩薩是佛位的繼承者，因此亦被尊稱為「法王子」，音譯「究摩羅浮多」，意譯又作「童真」。文殊師利菩薩：或作「曼殊師利」、「妙吉祥」。是大乘佛教中最以智慧著稱的菩薩，與普賢菩薩並為釋迦牟尼佛的兩大脅侍。由於他在所有菩薩中，是輔佐釋尊弘法的上首，因此也被稱為「文殊師利法王子」。依大乘經典所載，在所有大菩薩中，文殊菩薩不只是四大菩薩中「大智」的象徵，而且，在過去世他曾為七佛之師。其銳利的智慧，被喻為三世諸佛成道之母。因而有「三世覺母妙吉祥」的尊號。而且，依《首楞嚴三昧經》所載，他在久遠的過去世早已成佛，號稱「龍種上如來」。所以，其為釋迦牟尼佛二脅侍之一，只不過一種慈悲度化的大權示現而已。據《放缽經》載，文殊菩薩對釋迦牟尼佛也曾有教誨之誼。由於文殊菩薩是大乘佛法中智慧的象徵，因此佛典裡也有很多關於他以智慧開導行者的故事。他曾經以「仗劍迫佛」的權宜示現，來曉諭那些疑悔不安、不能悟入如幻深法的菩薩。也經常用反詰、否定、突兀的語言或行動，來警醒眾生。在大乘佛教裡，文殊菩薩開出的是重視第一義諦、不拘尋常格式的善巧法門。相傳其顯靈說法的道場在山西五臺山，為釋迦牟尼佛的左脅侍，其形相為頂結五髻，手持寶劍，表示智慧銳利，騎獅子，象徵智慧威猛。彌勒菩薩：原為釋迦牟尼佛座下大弟子之一，由於他即將繼釋迦牟尼佛之後，在閻浮提世界成佛，所以習俗相沿，也稱他為「彌勒佛」。因為彌勒菩薩現居兜率天，盡其一生之後，將到人間繼釋迦之後成佛，所以又稱為「一生補處菩薩」、「補處薩埵」、「彌勒如來」、「後生佛」、「未來佛」，意譯「慈氏菩薩」，佛教經典中，佛陀亦常稱之為「阿逸多」。據佛典所載，彌勒菩薩現在兜率天的內院弘法，教化天眾。相傳兜率天上有五百億天子，各以天福力，造作宮殿，發願布施彌勒菩薩，莊嚴兜率天宮，因而使兜率天成為殊勝的國土。中國寺院中所供奉的笑口常開、祖胸露腹的彌勒像，是根據五代時一位叫契此的僧人形相塑造的，民間認為他是彌勒的化身。

❽賢劫：「劫」是印度人代表極長時間的用語，源於印度婆羅門教。一劫相當於人世間的四十三億二千萬年，分為四個階段，即成、住、異、滅四劫。「賢劫」屬於「住劫」。依佛典所載，現在「住劫」有千佛等賢聖出世，救度眾生，故稱「賢劫」。因此，賢劫即指現在世、現在劫。

德遵普賢第二

本品為第一品的延續，仍屬於全經的「通序」部分，是對第一品「眾成就」的補充，不但在數量方面列舉了更多名目的聖眾，以體現此次釋迦牟尼佛法會場面的盛大，而且更重要的是對會眾所具妙德的進一步說明。具體而言，就是說與會的諸大菩薩，都以普賢菩薩為德行楷模，共同尊重修持普賢菩薩的德行，即經中所謂「咸共遵修普賢大士之德，具足無量行願，安住一切功德法中」。而這也是本品命名為「德遵普賢」的原因所在。普賢菩薩諸德行的根本宗旨，就是《華嚴經》所言的「十大願王導歸極樂」，即以十種廣大行願（「十大願王」）——一者禮敬諸佛，二者稱讚如來，三者廣修供養，四者懺悔業障，五者隨喜功德，六者請轉法輪，七者請佛住世，八者常隨佛學，九者恆順眾生，十者普皆迴向——為依歸，一門深入，長時薰修，最終導歸極樂淨土。

另外需要指出的是，本品以「又賢護等十六正士」開始，而與上一品分開，從經文文義看，似乎顯得有些突兀，因為都是在說明此次法會「眾成就」的組成。對此，有一種解釋可供參考，即夏蓮居居士將「十六正士」（十六位在家菩薩）置於本品之首，乃是特意而為，就是告訴讀者本經法門不是專為出家人所設，更是以度在家居士為主，從而顯示本經「普度眾生」的深遠之意。

又賢護等十六正士❶，所謂善思惟菩薩、慧辯才菩薩、觀無住菩薩、神通華菩薩、光英菩薩、寶幢菩薩、智上菩薩、寂根菩薩、信慧菩薩、願慧菩薩、香象菩薩、寶英菩薩、中住菩薩、制行菩薩、解脫菩薩，而為上首❷。

【譯文】

此次法會還包括賢護等十六位在家菩薩，他們是善思惟菩薩、慧辯才菩薩、觀無住菩薩、神通華菩薩、光英菩薩、寶幢菩薩、智上菩薩、寂根菩薩、信慧菩薩、願慧菩薩、香象菩薩、寶英菩薩、中住菩薩、制行菩薩、解脫菩薩，他們位居眾在家菩薩的上首。

【注釋】

❶賢護：為在家菩薩，八大或十六大菩薩之一。音譯作「跋捺羅波羅菩薩」、「跋陀波羅菩薩」、

「拔陂菩薩」、「跋陀和菩薩」、「髮捺羅播邏菩薩」。又稱「賢護長者」、「賢護勝上童真」、「善守菩薩」、「賢守菩薩」。在《摩訶般若波羅蜜經》與《無量壽經》之聽聞眾中，皆置賢護菩薩於首位。據《大寶積經》卷一〇九載，賢護為一富商之子，其所受之諸樂、果報，為忉利帝釋天王所不及。據《八吉祥神咒經》載，若有急疾，呼賢護等八人名字，即得解脫。命終時，此八人飛往迎之。《思益經》說：眾生只要聽到他這個名字，就必定能得三菩提：自覺、覺他、覺行圓滿。又據《大佛頂首楞嚴經》卷五所載，跋陀波羅入浴室而悟水因，證得無所有，基於此說，禪宗遂於浴室安置賢護尊者。正士：修行正法之士，即「菩薩」的異稱，多指在家菩薩。

❷「所謂」句：據《四童子經》、《佛名經》、《月燈三昧經》等經記載，善思惟、慧辯才、觀無住、神通華、光英、寶幢、智上、寂根、願慧、香象等十位都是他方世界的大菩薩，應化托生本土成為在家菩薩。他們都是來到這個世界聽受佛的教誨，助佛弘化的。從賢護到香象共十人，都有經典作為根據。其餘尚有六人在佛教經典中沒有提及出處，但歷代解經家一般認為，其餘六人也都是在他方世界成就的在家菩薩，來到此界聽經並助佛弘化。

咸共遵修普賢大士之德❶，具足無量行願❷，安住一切功德法中❸。遊步十方❹，行權方便❺，入佛法藏❻，究竟彼岸❼。

【譯文】

以上一切聖眾，無論在家出家，全都以普賢菩薩為榜樣，共同遵守修習其妙德，一切無量無邊的殊勝行願都已具足圓滿，安住於一切如來無盡果德的本體，而絕無動搖。他們普遍周遊於一切世界，隨物所宜，因人而異，用一切善巧穩便的教化，濟度眾生，使之契會證入佛法知見，以脫離五濁惡世，達至如來涅槃果海。

【注釋】

❶大士：為「菩薩」之美稱。音譯作「摩訶薩埵」，又作「摩訶薩」，與「菩薩」同義。佛經中經常以「菩薩摩訶薩」連稱。菩薩為自利利他、大願大行之人，故有「大士」的美稱。一般而言，摩訶薩埵如譯成「大士」，則菩薩多譯為「開士」，當然都是指菩薩而言。

❷無量：佛經常用語。意為不可計量，指空間、時間、數量之無限量，亦指佛德的無限量。《攝大乘論釋》云：「不可以譬類得知為無量。」行願：「修行」與「誓願」的並稱，又稱「願行」。具體而言，本經中所謂「行」指「六度」「四攝」等大行；「願」指「四弘誓」與「十大願」等勝願。願以導行，行以滿願，互相依持。具足：佛教習語。為「具備滿足」的略稱。

❸安住：安穩住立，佛教中指修成某一功德不會退失。功德：行善所獲之果報。「功」指行善；「德」指福德。法：音譯為「達磨」、「達摩」、「馱摩」、「曇摩」、「曇無」、「曇」。在佛教經典中，「法」為最重要的概念之一，其主要意思有兩個，即「任持自性」和「軌生物解」。「任持自性」，是指能保持自體的自性（各自的本性）不改變；「軌生物解」，是指能軌範人倫，令人產生對一定事物理解的根據。就「任持自性」的意義而言，「法」是指具有自性的一切存在；就「軌生物解」的意義而言，「法」是指認識的標準、規範、法則、道理、教理、教說、真理、善行等。本經此處，是第一種用法。

❹十方：佛教常用語。是四方、四維、上下的總稱。具體而言即東、西、南、北為「四方」；東南、西南、東北、西北為「四維」。佛教主張十方有無數世界及淨土，稱為「十方世界」、「十方法界」、「十方淨土」、「十方剎」等。又其中之諸佛及眾生，則稱為「十方諸佛」、「十方眾生」。佛教一般用「十方」泛指一切地方。

❺行權方便：意為隨物所宜，因人而異，用一切善巧穩便的教化濟度眾生。權，為「方便」的別名，即為一時之需、因順時宜而暫時用之的教法。方便，音譯作「漚波耶」。「十波羅蜜」之一，為佛教習語。又作「善權」、「變謀」。指巧妙地接近、施設、安排等。意義可分為以下幾種：⑴即對真實法而言，為誘引眾生入於真實法而權設的法門，故稱為「權假方便」、「善巧方便」；⑵即佛菩薩應眾生之根機，而用種種方法施予化益；⑶也可表示針對般若實智而言的通權

之智。

❻入佛法藏：契會證入佛法知見。法藏，佛陀所說之教法。因教法含藏多義，故稱「法藏」。或指含藏這些教說的經典，因經典含藏眾多法門，故稱「法藏」。也有真如所含藏的種種功德的含義。

❼彼岸：佛教習語。梵語「波羅」，意譯為「彼岸」，此岸指有生有死的境界，彼岸則是指不生不滅的涅槃。

願於無量世界成等正覺❶，捨兜率，降王宮，棄位出家，苦行學道❷。作斯示現❸，順世間故。以定慧力，降伏魔怨❹，得微妙法，成最正覺❺。天人歸仰，請轉法輪❻。常以法音❼，覺諸世間❽，破煩惱城❾，壞諸欲塹❿，洗濯垢污，顯明清白。調眾生、宣妙理、貯功德、示福田⓫。以諸法藥救療三苦⓬。升灌頂階⓭，授菩提記⓮，為教菩薩，作阿闍黎⓯，常習相應無邊諸行，成熟菩薩無邊善根⓰，無量諸佛咸共護念。諸佛刹中，皆能示現。譬善幻師⓱，現眾異相，於彼相中，實無可得。此諸菩薩，亦復如是，通諸法性⓲，達眾生相⓳，供養諸佛⓴，開導群生。化現其身，猶如電光，裂魔見網，解諸纏縛㉑。遠超聲聞、辟支佛地㉒，入空、無相、無願法門㉓。善立方便，顯示三乘㉔。於此中下，而現滅度㉕，得無生無滅諸三摩地㉖，及得一切陀羅尼門㉗。隨時悟入華嚴三昧㉘，具足總持百千三昧㉙。住深禪定㉚，悉睹無量諸佛。於一念頃㉛，遍遊一切佛土。得佛辯才㉜，住普賢行。善能分別眾生語言，開化顯示真實之際㉝。超過世間諸所有法，心常諦住度世之道㉞。於一切萬物，隨意自在，為諸庶類㉟，作不請之友㊱。受持如來甚深法藏㊲，護佛種性常使不絕㊳。興大悲、愍有情、演慈辯、授法眼、杜惡趣、開善門㊴。於諸眾生，視若自己，拯濟負荷，皆度彼岸。悉獲諸佛無量功德，智慧聖明，不可思議㊵。

【譯文】

大菩薩們為度眾生，發下大誓願，到十方無量無盡的世間去示現成佛之道。按照釋迦牟尼佛「八相成道」的成佛途徑，捨棄兜率天宮之安樂，托胎降生於人世中的王宮；隨後捨棄王位而出家，通過艱辛苦修來學道、悟道。所有這些，都是為了教化眾生，令入佛道而隨順世間智薄障重的根機而做的示現。為此，還要在修行中運用「禪定」和「慧思」的方法，降伏障礙行善的魔怨，從而契會菩提妙智，成就無上圓滿究竟的佛覺。如此，諸天神人共生崇奉敬仰之心，進而希望演說佛法，轉佛心中之法，度入眾生之心。他們便隨時隨地演說佛法，以啟發引導三界一切眾生覺悟，以破除眾生身心之內煩惱的堡壘，摧潰誘使眾生墮落六道的愛欲溝塹，滌除蒙蔽眾生心靈的污垢，開顯其本來純淨無染的真如之心。通過開佛知見、示佛知見以使眾生悟佛知見、入佛知見；通過展示福田廣大以使眾生積累善功善德。用諸種佛法之無上妙藥，來療救眾生沉淪三界生死苦海的厄難。德遵普賢的聖眾都是升於灌頂之位，具有當得佛果的授記，為了教導其他初發心菩薩，他們率先垂範，時時修習無量無邊的相應行德，去成熟他們無量無邊的善根，使之圓滿成就，從而受到無量諸佛的庇護和眷顧。這些大菩薩在十方的佛世界中都能示現種種應身與化身，如同一個無比善巧的幻師，幻現種種光怪陸離的形相，而這些形相原本為幻，所以就實而論，一無所有。這些與會的大菩薩也是這樣，他們通曉徹知隨緣不變的諸法實相，又能了達不變隨緣而顯現的種種差別相，上供諸佛，下化眾生。他們能如閃電般迅速，化現無量之身，前往無量之土，如電光照物，平等普照，撕裂邪見業網，斷離煩惱的纏縛。大菩薩們善巧方便，隨機度生，故而遠超聲聞、緣覺二乘之上，進入無自性我執、無名相法執、無妄想取執的法門。他們隨眾生之宜善巧施設，示現通於一乘的聲聞、緣覺、菩薩三乘教法。他們本不住生死，不住涅槃，但為了利益中、下根性眾生而示現涅槃之相。大菩薩們已經修得無生無滅的各種三摩地，並獲得能持善遮惡、使功德不失、一得永得的一切陀羅尼法門。他們隨時悟入平等無二、真實無妄的佛華嚴三昧，具足一切陀羅尼和能令眾生行之而斷塵勞煩惱的一切三昧。他們能夠安住於「寂」「照」無礙的甚深禪定，一切諸佛皆為所見。並於一剎那間，遍遊無量無邊一切佛土。他們獲得了同佛一樣隨機善巧宣說佛法的才能，不動搖地行持普賢菩薩歸向極樂的願行。他們對各類眾生不同的語言瞭若指掌，並以各類眾生本有的語言，開示究竟至極的真如實相。他們遠遠超越了世間一切依存於因果的「有為法」，達到了性空無相、平等一味的境界，並恆常安住於此「無為法」之上，救度一切世間眾生。他們對待萬事萬物，都能隨緣自在，通達無礙；對待一切眾生，都能不待請求，主動化導。接受並保持如來深奧微妙的一切經教，並使眾生能夠發菩提心、修普賢行、稱佛名號，長久不絕。他們興發大慈大悲之心，哀憫六道苦海之中的有情眾生，以慈悲之心為眾生說法，使之獲得了脫煩惱的正知正見，從而堵塞了墮入畜生、餓鬼、地獄的三途惡道，開啟了進入菩提涅槃的善門。大菩薩們以眾生之苦為己苦的同體之悲，肩負著救度一切眾生出離苦海的重擔，使眾生無一例外地到達無餘涅槃的彼岸。大菩薩們都得到一切諸佛無量無邊的功德，其智慧行願是如此地莊嚴偉大，的確確難以想像和難以言表。

【注釋】

❶ 等正覺：亦稱「等覺」。有兩種含義：一是指菩薩的最高位置，大乘五十二階位中，第五十一位，名為「等覺」，即十地位滿，將證佛果之中間階段，因其智慧功德，等似妙覺，故名「等覺」，又名「一生補處」，或「金剛心菩薩」；另一種含義就是指「佛」，為佛十號之一。「等」是平等，「覺」是覺悟，諸佛的覺悟，平等一如，故名「等覺」。本經此處的含義為後者。即對於凡夫的「不覺」而稱「正覺」，對於聲聞、緣覺二乘的「獨覺」而稱「等覺」，合稱為「等正覺」。

❷ 從「捨兜率」開始直至「住深禪定，悉睹無量諸佛」：為釋迦牟尼佛乃至一切諸佛示現成道的通

常途徑，共經歷八種相狀，即所謂「八相成道」。大乘八相成道說有兩種，前者為《四教義》卷七所說，包括：下天、托胎、出生、出家、降魔、成道、轉法輪、入涅槃，一般皆以此說為準。後者為《大乘起信論》所說，包括：從兜率天退、入胎、住胎、出胎、出家、成道、轉法輪、入於涅槃。前後說之別，在於後者有「住胎」而無「降魔」。「八相成道說」始自無著世親時代，而後一說則可能源自我國。本經所說「八相成道」，基本與前一種說法一致，其中，「捨兜率」為第一下天相，即從兜率天下降。兜率，為「兜率天」的略稱，又作「都率天」、「兜術天」、「兜率陀天」、「兜率多天」、「兜師陀天」、「睹史多天」、「兜駛多天」，意譯為「知足天」、「妙足天」、「喜足天」、「喜樂天」。佛教認為，眾生有三種存在的界域，即欲界、色界、無色界。欲界是有淫食二欲的眾生所住的世界，欲界中又包括六重天，即四王天、忉利天、夜摩天、兜率天、樂變化天、他化自在天。兜率天屬於欲界六天中的第四天，位於夜摩天與樂變化天之間，距夜摩天十六萬由旬，在虛空密雲之上，縱廣八萬由旬。此天有內、外兩院，兜率外院為天人所居，兜率內院則是即將成佛者（即補處菩薩）的居所，目前是彌勒菩薩的淨土，彌勒在此宣說佛法，住滿四千年後，即下生人間，成佛於龍華樹下。當時釋迦牟尼身為菩薩時，也是從兜率天下生人間而成佛的。因此，「捨兜率」被視為示現成佛的第一步。「降王宮」是降生於王宮之中，屬於「八相成道」中的第二托胎、第三出生兩相。「棄位出家，苦行學道」是第四相。出家，即出離家庭生活，專心修沙門之淨行；亦兼指出家修道者，與沙門、比丘同義。印度早在吠陀時代即有出家修行以求解脱者，後來婆羅門教徒承襲這種修行方法，多入山林閑寂之處專心修道。佛教則以釋迦牟尼的出家學道為其濫觴，其後更以出家人組織教團。

❸示現：諸佛、菩薩應眾生的機緣而化現種種的身相，目的在於教化眾生。

❹以定慧力，降伏魔怨：是第五降魔相。定慧，即禪定與智慧，為佛教「戒、定、慧」三學中的兩種法門。收攝止息散亂的心意為定；觀照明察一切的事理為慧，所以又稱「止觀」。魔怨，擾亂、妨礙眾生修行的外物或心境，如妨礙善事之惡鬼或煩惱、疑惑、迷戀等心理活動。

❺得微妙法，成最正覺：是第六成道相。最正覺，即無上正等正覺，就是徹底明白宇宙人生的事理真相，成就最圓滿的佛果。

❻天人歸仰，請轉法輪：是第七轉法輪相。天人，即欲界、色界、無色界諸天之人。轉法輪，又作「轉梵輪」，指佛陀宣說佛法。佛的教法，如車輪旋轉，既能轉凡成聖，度眾生解脱苦海，亦能摧破眾生一切煩惱障惑，所以稱作「法輪」。

❼法音：佛陀說法的聲音。

❽世間：泛指遷流變化的現象世界，略稱為「世」，與「出世間」、「出世」相對，故與「三界」相應，包括欲界、色界、無色界。原意指可毀壞的，或可對治的、有為有漏的現象。關於世間之分類，有兩種、三種之別。一般根據《俱舍論》將世間分為兩類，即：㈠有情世間，又作「眾生世間」、「有情界」。泛指一切有情眾生。㈡器世間，又作「物器世間」、「器世界」、「器

界」、「器」。指有情眾生居住、生存的外在環境，如山河大地、國土等。

❾煩惱：也譯作「惑」、「塵勞」、「染」等等，指擾亂身心，令人不得寂靜安寧的種種心理作用。佛教認為，「煩惱」會障礙聖道，妨礙正確的智慧，故務必去除盡淨方能成佛。另外，部派佛教將潛在的煩惱稱為「隨眠」，表面的煩惱稱為「纏」。

❿欲塹：佛教以貪欲深而難越，易使人墮落，比喻為塹（即深壕大溝），故稱為「欲塹」。

⓫福田：佛教慣用語。指能生長福德的田地。即散播布施、供養等種子，則能結出福德的果實，所以用田地來比喻。如行布施時，接受布施者稱為「福田」。福田又可分為很多種，如佛、佛弟子、修行者等必受尊敬者，稱為「敬田」；父母及師長等必受報恩者，稱為「恩田」；受憐憫之貧者、病者等，稱為「悲田」。

⓬三苦：即佛教所謂苦苦、壞苦、行苦等三種苦。「苦苦」是身心受苦時所產生的苦惱；「壞苦」是偶爾出現的快樂轉瞬即逝時所感受的苦；「行苦」是由於諸行無常，遷流不息，人們不得安定、無法支配所產生的苦惱。在三界之中，欲界三苦俱全，色界只有壞行二苦，無色界則只有行苦。

⓭灌頂：即以水灌於頭頂，受灌者即獲晉升一定地位之儀式。原為古代印度帝王即位及立太子的一種儀式，國師以四大海之水灌其頭頂，表示祝福，並宣示王權的合法性。佛教亦仿效此法，稱菩薩於十地中的第九地升入第十法雲地時，諸佛以智水灌其頂，以為受法王職的證明，本經「灌頂

階」特指十地以上的等覺階位而言。

⓮ 授菩提記：佛授予眾生將來必定成佛的記識。

⓯ 阿闍黎：音譯又作「阿闍梨」、「阿舍梨」、「阿遮梨耶」、「阿遮利耶」等，意譯為「軌範師」、「正行」、「應可行」、「教授」、「傳授」。《佛光大辭典》譯作「阿闍梨」。在印度古代，阿闍黎本為婆羅門教中教授弟子有關吠陀祭典規矩、行儀之師，此一名詞後為佛教所採用，且在佛陀在世之時即已經普遍使用。小乘佛教指匡正弟子行為，堪為師範的高僧為阿闍黎；大乘圓頓戒則以釋迦牟尼為「戒和尚」，稱文殊為「羯磨阿闍黎」、彌勒為「教授阿闍黎」。密教雖也有以大日如來或諸佛菩薩為阿闍黎的情形，但狹義的阿闍黎則專指灌頂及傳法灌頂的導師。

⓰ 善根：即善之根本，又稱「善本」、「德本」。廣義是指在身、口、意三業中的善因能生善果，故稱「善根」。狹義是指產生諸善法的根本，即無貪、無瞋、無癡三者為善根之體，合稱為「三善根」。不善根則為貪、瞋、癡等，即稱「三不善根」，或稱「三毒」。

⓱ 幻師：又作「幻士」、「幻人」、「幻術師」，即行幻術之人，類似今天的魔術師。佛教經論中經常用之為譬喻。

⓲ 法性：指諸法的真實體性，亦即宇宙一切現象所具有的真實不變的本性。又作「真如法性」、「真法性」、「真性」。又為「真如」之異稱。法性乃萬法之本，故又作「法本」。

⓳ 眾生：佛教習語。又名「有情」，即一切有情識志慮的生物。一般而言，眾生主要是指具無明煩

惱，流轉生死的迷界凡夫；但就廣義而言，眾生也可以含攝悟界的佛、菩薩等。

⑳供養：又作「供」、「供施」、「供給」、「打供」。意指供食物、衣服等予佛法僧三寶、師長、父母、亡者等。供養初以身體行為為主，後亦包含純粹的精神供養，故有「身分供養」、「心分供養」之分。初期教團所受的供養以衣服、飲食、臥具、湯藥等為主，稱為「四事供養」。所行的供養除財供養之外，還有法供養，如以恭敬供養、讚歎供養、禮拜供養等精神的崇敬態度也稱「供養」。

㉑纏縛：一般是指使眾生沉淪三界生死苦海的一切煩惱糾結。具體而言，「纏」有三纏、八纏、十纏乃至五百纏等，「縛」有三縛、四縛等。其中，「十纏」為小乘說一切有部所倡，即無慚、無愧、嫉、慳、悔、眠、掉舉、昏沉、忿、覆；「四縛」出於《俱舍論》等，即欲縛、有縛、無明縛、見縛。大乘唯識宗則立「八纏」、「三縛」，小乘「十纏」中除去忿、覆二纏，即為八纏；三縛則指貪、瞋、癡。

㉒聲聞：指聽聞佛陀之聲教而依教修行的佛弟子。在原始佛教中，釋迦牟尼在世時的弟子，不論在家或出家，都稱為「聲聞」。但到後世，聲聞被限定為出家弟子。大乘佛教興起之後，聲聞與緣覺皆被大乘信徒貶為小乘。並認為聲聞乘有下列特性：⑴以《阿含經》為所依；⑵觀苦、集、滅、道四聖諦；⑶經三生六十劫之長遠修行，期證阿羅漢果；⑷以灰身滅智為涅槃；⑸著重在個人證悟而不致力於濟度眾生。辟支佛：音譯「缽剌醫迦佛陀」、「畢勒支底迦佛」、「辟支迦

佛」、「貝支迦佛」，又作「緣覺」、「獨覺」、「因緣覺」。指獨自悟道的修行者。即於現在身中，不稟佛教，無師獨悟，性樂寂靜而不事說法教化的聖者。聲聞與緣覺，稱為「二乘」；聲聞、緣覺再加上菩薩，則為「三乘」。

㉓空、無相、無願：通往解脫之道的三種法門，佛教稱為「三解脫門」，亦稱為「三三昧」，略稱「三脫門」或「三門」。修學時隨依任何一門都可以永斷煩惱、解脫生死、究竟成佛。具體而言，即：㈠空門：觀一切法皆無自性，由因緣和合而生，當體即空；若能如此通達，則於諸法而得自在。㈡無相門：又稱「無想門」。就是說既然一切法空，乃觀男女一異等差別相實無可得；若能如此通達諸法無相，即可離差別相而得自在。㈢無願門：又作「無作門」、「無欲門」。就是說若知一切法無相，則於三界之中無所願求；若無願求，則不造作生死之業；若無生死之業，則無果報之苦而得自在。

㉔三乘：即聲聞乘、緣覺乘與菩薩乘。「乘」原意為運輸工具，佛教由此用「三乘」比喻運載眾生渡生死苦海至涅槃彼岸的三種法門。

㉕於此中下，而現滅度：這是八相成道中的第八涅槃相。三乘法有上有中有下，對於中根下根的人才示現滅度相。中下，即指三乘中的聲聞乘、緣覺乘，其中聲聞乘為小乘，緣覺乘為中乘。滅度，音譯為「涅槃」，意譯為「圓寂」，即滅除煩惱，度脫生死。

㉖三摩地：又稱「三昧」、「三摩提」、「三摩帝」，意譯為「等持」、「正定」、「定意」、

「調直定」、「正心行處」。即遠離昏沉掉舉，心專住一境，不受外界干擾。

㉗陀羅尼：意譯「總持」、「能持」、「能遮」。即能總攝憶持無量佛法而不忘失的能力。因為陀羅尼能持憶各種善法，又能遮除各種惡法，而菩薩以利他為主，為教化他人，所以必須獲得陀羅尼，如此方能不忘失無量佛法，而在眾人之中無所畏，同時亦能自由自在的說教。後世因陀羅尼的形式，與誦咒相似，因此後人將其與咒混同，甚至統稱「咒」為「陀羅尼」。

㉘華嚴三昧：「佛華嚴三昧」的略稱，又名「華嚴定」。為「華嚴十定」之一，是普賢菩薩所入的禪定。即以一真法界無盡緣起為宗旨，依此宗旨而修萬行，莊嚴佛果，稱為「華嚴」；一心修之，稱為「三昧」。華嚴三昧是統攝法界，包容一切佛法的大三昧。

㉙具足總持百千三昧：即是指由華嚴三昧，以陀羅尼總攝憶持之力，而得百千三昧。總持，即陀羅尼。

㉚禪定：佛教的重要修持法。「禪」為「禪那」的簡稱，音譯又作「馱衍那」，意譯「靜慮」、「思惟修」、「棄惡」。「禪」與「定」皆為令心專注於某一對象，而達於不散亂的狀態。或謂「禪那」的音譯為「禪」，意譯為「定」，梵漢合稱為「禪定」。禪的起源，可遠溯自印度古奧義書時代。印度的聖者，常在森林樹下靜坐瞑想，此種靜坐瞑想即稱為「禪那」。在後來，婆羅門教、佛教、耆那教皆以靜坐瞑想為修持方法，而佛教更以禪定作為專一心境、斷除煩惱、求達涅槃的重要方法。印度早期佛教中，「八正道」之一的正定，或「三學」中的定學等，均以禪為

修持的首要法門。大乘佛教興起之後，禪的修持遂從自利轉為利他，而成為菩薩行的「六波羅蜜」之一。及至傳到中國，禪更由一種僅止於修持的方法，發展成為具有獨特思想意義的宗派，此即菩提達磨所傳「教外別傳，不立文字」的禪宗。

㉛一念頃：佛教喻指極短的時間之內。

㉜辯才：善巧說法的能力。佛、菩薩為普度眾生，具足種種能夠迅速根據問者或聽者的根機，來做最適合的啟發與開導的辯才，如法無礙辯、義無礙辯、辭無礙辯、辯無礙辯等四無礙辯，亦有七辯、八辯、九辯等說法。

㉝真實之際：究竟至極的實相妙理，即佛的所知、所見。

㉞諦住：即真實無妄地安住。度世之道：教化眾生的理論與方法。

㉟庶類：指一切有情眾生。

㊱不請之友：即是說不待眾生的請求，主動來化度眾生。

㊲受持：領受佛法，持久不忘。如來甚深法藏：指如來所說的一切經教，或可據《無量壽經甄解》所謂：「即聞持三世一切如來法藏也。多聞歸一聞。一聞即是聞其名號。」則「如來甚深法藏」在本經中專指聽聞彌陀名號、稱念彌陀名號。

㊳佛種性：意指佛的本性或成佛的根本原因。有多種說法，一般指眾生本來具足的佛性；也有以菩薩所行為成佛之因，故亦稱「佛種」；也有以菩提心作為佛種；亦有以稱佛名號為佛種性。後兩

種說法更合本經本意。

㊴大悲：即大悲心。佛教以救他人苦之心稱為「悲」，佛、菩薩欲普度眾生永脫苦海，故其悲心平等廣大，故稱「大悲」。法眼：佛教所謂「五眼」之一，「五眼」即肉眼、天眼、慧眼、法眼、佛眼。肉眼是肉身凡夫的眼，遇昏暗，遇阻礙，就不能見；天眼是天人的眼，遠近晝夜，都能得見；慧眼是聲聞的眼，能看破假相，識得真空；法眼是菩薩的眼，能徹了世間和出世間的一切法門；佛眼是如來的眼，有了佛眼便兼有前面的四種眼，能無事不知，無事不見；法眼是智慧，能夠抉擇一切法門，所以法眼能夠適應眾生種種的根器，選擇最善巧的方法。杜惡趣：「杜」即杜絕，「惡趣」指地獄、餓鬼、畜生「三惡道」。

㊵不可思議：即不是凡夫眾生的思惟、意識所能想像、理解的；同時也不是世間的語言、文字所能言喻表達的。

如是等諸大菩薩，無量無邊，一時來集。又有比丘尼五百人、清信士七千人、清信女五百人、欲界天、色界天、諸天梵眾❶，悉共大會。

【譯文】

上述這些大菩薩，其數無量無邊，此一時間同赴法會。還有五百位比丘尼、七千位男居士、五百位女居士，以及欲界天、色界天等天上的天人大眾，也全都來到這裡參加法會。

【注釋】

❶ 清信士：指親近三寶、受持五戒的在家男性佛教信徒，也即男居士，梵語為「優婆塞」。清信女：指親近三寶、受持五戒的在家女性佛教信徒，也即女居士，梵語為「優婆夷」。梵眾：修習梵行的大眾，一般指僧侶。

大教緣起第三

本品屬於「序分」中的「別序」部分，是由「通序」轉入經文主體「正宗分」的過渡，點明本經所出的特殊因緣，亦稱為「發起序」。

本品以如來放現瑞光開始，其所示現的瑞相光明被阿難看到，由此生發稀有無上的歡喜心，並向如來請法。世尊對阿難問法予以高度評價，認為阿難所問，對一切眾生都具有無盡的利益，甚至「勝於供養一天下阿羅漢、辟支佛，布施累劫，諸天人民、蜎飛蠕動之類，功德百千萬倍」，其之所以如此，乃在於阿難的問法引出了如來下面的一切經說；換言之，即引發了《無量壽經》的問世。

爾時世尊❶，威光赫奕❷，如融金聚。又如明鏡，影暢表裏。現大光明，數千百變。

【譯文】

那一時刻，釋迦牟尼佛放出雄猛有威，明耀強盛的光明，其光之明烈如同熔化的金子，聚匯在一起。又好似一面明鏡，光芒外射，又暢顯於鏡中，內外映徹，通體光明。釋迦牟尼佛所發出的神光，殊勝明耀，殊勝廣大；其光之形色，交互回轉，瞬息萬變，無有窮極。

【注釋】

❶爾時：那時。即宣說本經的靈鷲山法會之時。世尊：對釋迦牟尼佛的尊稱，因佛為世人所共尊，故有此稱。

❷威光：具有神威之力的光明。因為佛的智慧光明具有能破除一切煩惱暗障的威力，所以稱佛陀的光明是「威光」。赫奕：描摹佛陀威光的明耀強盛，「赫」為明耀，「奕」為強盛。

尊者阿難，即自思惟：「今日世尊，色身諸根❶，悅豫清淨❷，光顏巍巍，寶剎莊嚴❸。從昔以來，所未曾見，喜得瞻仰。」生希有心❹，即從座起，偏袒右肩❺，長跪合掌❻，而白佛言❼：「世尊，今日入大寂定❽，住奇特法❾，住諸佛所住導師之行、最勝之道，去來現在佛佛相念❿，為念過去未來諸佛耶？為念現在他方諸佛耶？何故威神顯耀，光瑞殊妙乃爾？願為宣說。」

【譯文】

阿難見佛現此稀有瑞相，放此空前殊勝的光明，便暗下思忖：「今天世尊的色身所具眼耳鼻舌身諸根顯得無比愉悅舒暢，妙相清淨，容光尊勝，佛光中映現出諸佛莊嚴的國土。如此超情離見之殊勝妙境，乃是往昔跟隨釋迦牟尼佛以來，從所未見，真高興今日有幸一睹此光明瑞相。」一念及於此，內心油然而生前所未有的恭敬誠懇之情，便從座上起立，袒露右肩，以示對佛的極敬，兩腿跪地，雙手合十，向佛稟白：「世尊，今日您進入到大涅槃境界，安住於世間所無的不可思議之法，這當是諸佛共行的教化眾生之法、眾生成佛之第一殊勝之道，自是過去、現在、未來世的諸佛光光相照、心心相印之法。但您是在憶念過去、將來的諸佛呢？還是在憶念現在世的他方佛國的諸佛呢？若非如此，您現在的威神何以會如此的強盛明耀？所放光明何以會如此的殊勝微妙呢？請您給我們說一說這其中的奧妙吧。」

【注釋】

❶色身諸根：指眼、耳、鼻、舌、身五根。眼是視根，耳是聽根，鼻是嗅根，舌是味根，身是觸根。「五根」為色根，再加上屬於無色根的念慮之根「意根」，統稱「六根」。

❷悅豫：歡喜愉快。清淨：遠離煩惱、執著、分別。

❸寶剎：這裡指佛光中所呈現的佛國淨土。莊嚴：佛教常用語。原意為裝飾布列，佛教多指布列諸種寶物、鮮花、寶蓋、幢、幡、瓔珞等，以裝飾嚴淨道場或國土等。

❹希有：佛教讚佛常用語，亦作「稀有」。意為稀少難逢，無可堪匹。《金剛經纂要刊定記》卷三稱佛陀有四種稀有，即：㈠時稀有，謂佛陀之出世，非曠世所常有。㈡處稀有，三千世界中，佛陀不出現於他處，唯降生於迦毘羅城。㈢德稀有，佛陀乃具無量之福德智慧者，以其最尊，無人能比，故謂德稀有。㈣事稀有，佛陀一代所做，係以佛法普利眾生，故為稀有殊勝之事。

❺偏袒右肩：又作「偏露右肩」，略稱「偏袒」。即披著袈裟時袒露右肩，覆蓋左肩。原為古代印度表示尊敬的禮節，佛教沿用之，比丘拜見佛陀或問訊師僧時，都必須偏袒右肩。一般認為，偏袒右肩可以方便從事拂床、灑掃等工作，所以象徵便於服勞、聽令使役，於是以偏袒右肩為禮敬尊重的標誌。長跪：又稱「胡跪」，指雙膝跪地，小腿懸空，上身挺立，兩腳趾頭拄地，表示極為尊敬。

❻合掌：佛教慣用禮節，又名「合十」。左右十指，伸直合攏，置於胸前，表示一心誠敬。

❼白：稟白。

❽大寂定：又作「大涅槃」、「大滅度」。意指如來所入的禪定，這裡專指念佛三昧。

❾奇特法：《淨影疏》認為，佛所得法，不是菩薩等人所能得到，世間所無，所以叫做「奇特

法」，這裡是指念佛法門。

⑩去來現在：指過去、未來、現在三世。即一個人現在生存的現世、出生以前生存的前世及命終以後生存的來世。又有以現在的一剎那為中心，及其前後合稱為「三世」。也有以劫為單位，以賢劫為現在，以此而建立「三世」。佛佛相念：佛與諸佛之間互相憶念、心心相印。

於是世尊，告阿難言：「善哉！善哉！汝為哀愍利樂諸眾生故，能問如是微妙之義。汝今斯問，勝於供養一天下阿羅漢、辟支佛❶，布施累劫❷，諸天人民、蜎飛蠕動之類❸，功德百千萬倍。何以故？當來諸天人民，一切含靈，皆因汝問而得度脫故。阿難，如來以無盡大悲，矜哀三界，所以出興於世。光闡道教❹，欲拯群萌❺，惠以真實之利。難值難見，如優曇華❻，希有出現。汝今所問，多所饒益。阿難當知，如來正覺，其智難量，無有障礙。能於念頃，住無量億劫，身及諸根，無有增減。所以者何？如來定慧，究暢無極。於一切法，而得最勝自在故❼。阿難諦聽，善思念之，吾當為汝分別解說。」

【譯文】於是釋迦牟尼佛對阿難說道：「很好！很好！你有慈悲憐憫眾生陷溺無邊苦海，希望他們離苦得樂之心，方才能夠問出這樣殊勝微妙的問題來。你這一問的功德，勝過了供養一天之下的阿羅漢和辟支佛，也勝過了累劫布施一切人天各種生物，以至於小飛蟲、小爬蟲的功德千百萬倍。為什麼這樣說呢？因為將來十方世界的一切含靈眾生，全都能夠因你的這一提問而得到究竟圓滿的解脫。阿難，我以無有窮盡的大悲心，哀憫欲界、色界、無色界的一切眾生，所以來到這個世界。弘闡佛教，意欲普度眾生出離苦海，使他們真正地離苦得樂，得無上圓滿的真實之利。佛法難聞、佛身難見，如同優曇花，稀有出現。你今天的提問，對一切眾生都具有無盡之利益。阿難，你應當知曉，如來徹底覺悟宇宙人生的真相，其智慧非凡情所能稱量測度，一切通達，沒有障礙。如來能於一念之間，經歷無量億劫的時間，身根、眼根、耳根、鼻根、舌根都沒有任何增減，不生不滅。為什麼能夠有如此智慧與能力呢？因為如來的禪定智慧，究竟暢達，沒有極限。在一切法中，得到最為殊勝的大自在。阿難，你要真誠仔細地聽法，深入善巧地理解，我現在就為你們將這一無比殊勝的法門分別解說。」

【注釋】

❶一天下：是指「四天下」之一。佛經上說須彌山周圍有四大洲，即南贍部洲、北俱盧洲、東勝神洲、西牛賀洲，為一日月所共照，所以稱為「四天下」，一天下就是四大洲中的一個洲。阿羅漢：為「聲聞四果」之一，又作「阿盧漢」、「阿羅訶」，略稱「羅漢」，意譯為「應供」、「應真」、「殺賊」、「不生」、「無生」、「無學」、「真人」。指斷盡一切煩惱而得盡智，

值得世人供養尊重的聖者。此果位通於大、小二乘，然一般皆作狹義解釋，專指聲聞弟子所得的最高果位。

❷ 布施：音譯為「檀那」、「柁那」、「檀」，又稱「施」，意譯為「財施」。即以慈悲之心而施福利於人。布施本義是以衣、食等實物施予大德及貧窮者；大乘佛教視之為「六度」之一，再加上法施、無畏施，從而擴大了布施的內涵，即指施予他人以財物、體力、智慧等，為他人造福成智而求得累積功德，以達到最終解脫的一種修行方法。

❸ 蜎飛蠕動：指形體細微渺小的生物，「蜎」指小飛蟲，「蠕」指小爬蟲。

❹ 道教：有關成佛之道的教化，即佛教。

❺ 群萌：泛指一切眾生。「萌」本義為草木剛剛發芽的狀態，以此比喻眾生道心初發，但尚為無明所覆。

❻ 優曇華：又名「優曇缽華」，是多年生草，莖高四、五尺，花作紅黃色，產於喜馬拉雅山麓及斯里蘭卡等處，傳說三千年開花一次，開時僅一現，故喻指難見而易滅的事。因其難以遭逢，故佛教視其開花為祥瑞，認為花開即有佛出世。

❼ 自在：指遠離煩惱的繫縛，身心自由通達，所作所為皆進退無礙。

法藏因地第四

以下進入本經主體部分「正宗分」。本品揭明法藏比丘在因地發心修道的因緣。介紹了法藏比丘聽聞世間自在王如來（即世自在王佛）說法，發菩提心，捐棄國王王位的過程，他在信受、理解、領悟、記憶等各個方面具有超絕群倫的才幹，同時又有著超凡絕俗的身行和志願，從而得以精進修行，日益增上。本品最後以法藏禮讚世間自在王如來的一首偈頌作結，在盛讚佛的功德的同時，表達了自己願望修得與佛一樣的智慧去救度眾生出離苦海的深宏誓願，此偈頌可謂後文法藏比丘所發四十八大誓願核心思想的一個扼要概括。另外，在偈頌的結尾，還進一步表達了法藏比丘以明確行動實踐此一誓願而具有的堅定不移的決心和百折不撓的信心。

法藏：這裡是指阿彌陀佛成佛以前的法名。「法」是世間、出世間的一切萬法。「藏」為含藏，自性中含藏一切萬法，故稱為「法藏」。因地：為「果地」的對稱，「地」即階位之意，指修行佛道的階位。本品標題所謂「因地」，是相對法藏成佛的果地而言，所以從凡夫地初發心修學，到圓滿成佛以前，這一段修學期間都叫因地。

佛告阿難：「過去無量不可思議、無央數劫❶，有佛出世，名世間自在王如來、應供、等正覺、明行足、善逝、世間解、無上士、調御丈夫、天人師、佛世尊❷。在世教授四十二劫，時為諸天及世人民說經講道。有大國主名世饒王。聞佛說法，歡喜開解，尋發無上真正道意，棄國捐王，行作沙門❸，號曰法藏，修菩薩道❹。高才勇哲，與世超異，信解明記，悉皆第一；又有殊勝行願，及念慧力❺，增上其心，堅固不動。修行精進，無能踰者。往詣佛所，頂禮長跪，向佛合掌，即以伽他讚佛❻，發廣大願」。頌曰：

如來微妙色莊嚴，一切世間無有等。
光明無量照十方，日月火珠皆匿曜❼。
世尊能演一音聲❽，有情各各隨類解。
又能現一妙色身，普使眾生隨類見。
願我得佛清淨聲，法音普及無邊界。
宣揚戒定精進門❾，通達甚深微妙法。

【譯文】

智慧廣大深如海，內心清淨絕塵勞。
超過無邊惡趣門，速到菩提究竟岸。
無明貪瞋皆永無⑩，惑盡過亡三昧力⑪。
亦如過去無量佛，為彼群生大導師。
能救一切諸世間，生老病死眾苦惱。
常行布施及戒忍，精進定慧六波羅⑫。
未度有情令得度，已度之者使成佛。
假令供養恆沙聖⑬，不如堅勇求正覺。
願得安住三摩地，恆放光明照一切。
感得廣大清淨居，殊勝莊嚴無等倫。
輪迴諸趣眾生類⑭，速生我剎受安樂⑮。
常運慈心拔有情，度盡無邊苦眾生。
我行決定堅固力，唯佛聖智能證知。
縱使身止諸苦中，如是願心永不退。

釋迦牟尼佛告訴阿難說：「在過去久遠得不可思議的無盡數劫以前，有一尊佛出現於世間，名字叫做世間自在王如來，又叫應供、等正覺、明行足、善逝、世間解、無上士、調御丈夫、天人師、佛世尊。此佛在世弘法四十二劫之久，時時為諸天以及世間人講經說法，開示正道。當時，有一位大國王，名叫世饒王，他聽過世間自在王如來說法後，頓然心開，深解實義，歡喜踴躍，隨即發心求證無上大菩提心，捨棄國土與王位，跟隨世間自在王佛出家修行，法名叫做法藏，修習六度四攝、自覺覺他的菩薩道。法藏比丘才能過於常人，心志廣大堅強，明見自家心性，遠非常人所能比及，在信受、理解、領悟、記憶等各個方面，皆為修行者之冠；又有超凡絕俗、稀有難逢的行願，兼之消除邪見、遮止妄惑的『念力』和『慧力』，以增長他的信心、願心和行心，使他心念堅固沒有動搖。他精進修行，不懈不怠，在所有的修行者中，沒有一個人能超過他。法藏比丘來到世間自在王如來的住所，雙膝跪在佛足前，雙手合十，向佛稽首行禮，用偈頌來稱頌世間自在王如來，並發下宏大的誓願。」偈頌的內容是：

如來微妙色莊嚴，一切世間無有等。
光明無量照十方，日月火珠皆匿曜。
世尊能演一音聲，有情各各隨類解。
又能現一妙色身，普使眾生隨類見。
願我得佛清淨聲，法音普及無邊界。

宣揚戒定精進門，通達甚深微妙法。
智慧廣大深如海，內心清淨絕塵勞。
超過無邊惡趣門，速到菩提究竟岸。
無明貪瞋皆永無，惑盡過亡三昧力。
亦如過去無量佛，為彼群生大導師。
能救一切諸世間，生老病死眾苦惱。
常行布施及戒忍，精進定慧六波羅。
未度有情令得度，已度之者使成佛。
假令供養恆沙聖，不如堅勇求正覺。
願得安住三摩地，恆放光明照一切。
感得廣大清淨居，殊勝莊嚴無等倫。
輪迴諸趣眾生類，速生我剎受安樂。
常運慈心拔有情，度盡無邊苦眾生。
我行決定堅固力，唯佛聖智能證知。
縱使身止諸苦中，如是願心永不退。

【注釋】

❶無央數劫：音譯為「阿僧祇劫」，指無限長的時間。央，有極限的意思。

❷如來、應供、等正覺、明行足、善逝、世間解、無上士、調御丈夫、天人師、佛世尊：佛的十種通用尊號。如來，乘如實之道而來以成正覺。應供，音譯「阿羅漢」，應受人天的供養。等正覺，舊譯作「無上正遍知」，音譯「三藐三佛陀」，真正遍知一切諸法。明行足，「宿命明」、「天眼明」、「漏盡明」等三明與聖行、梵行、天行、嬰兒行、病行等五行悉皆具足。善逝，以一切智為大車，行八正道而入涅槃。世間解，能了解世間、出世間的一切事理。無上士，在一切眾生中，至高無上。調御丈夫，以種種方便調御修行者，使出苦海、入涅槃。天人師，為一切天、人的導師。佛世尊，為一切世人所共同尊重的覺悟者。佛的十種尊號有不同的提法，有將無上士和調御丈夫合為一號，也有將世間解、無上士合為一號。本書根據《涅槃經》，將佛與世尊合為一號。

❸沙門：原為出家人的通稱，包括外道出家者。佛教盛行後，更多專指剃除鬚髮，止息諸惡，調御身心，勤行諸善，以期證得涅槃境界的佛教僧侶。

❹菩薩道：菩薩之修行，即修六度萬行，圓滿自利利他，成就佛果之道。「六度」是指六種行之可以從生死苦惱此岸得度涅槃安樂彼岸的法門，即布施、持戒、忍辱、精進、禪定、智慧（即般若）。其中，布施能度慳貪，持戒能度毀犯，忍辱能度瞋恚，精進能度懈怠，禪定能度散亂，般若能度愚癡。因「六度」包括了菩薩所修的一切行門，故又稱「六度萬行」。

❺念慧力：由信、精進、念、定、慧等五無漏根的增長所產生的五種維持修行、達到解脫的力量，即「五力」。念、慧力為「五力」其中之二。「五力」分別為：㈠信力，即對佛法僧三寶虔誠信仰，可破除一切邪信。㈡精進力，修四正勤，可斷除諸惡。㈢念力，修四念處以獲正念。㈣定力，專心禪定以斷除情欲煩惱。㈤慧力，觀悟四諦，成就智慧，可達解脫。此「五力」是斷煩惱、開智慧的基本條件。

❻伽他：又作「伽陀」、「偈佗」、「偈」，意譯為「偈頌」、「頌」、「孤起頌」、「不重頌偈」。廣義指歌謠、聖歌，狹義則指於經文段落或全經之末，以句聯結而成的韻文，內容不一定與前後文有關。

❼日月火珠皆匿曜：佛光所照之處，日、月、火、明珠都黯然失色。「匿」是隱藏，「曜」是光明。

❽一音聲：佛宣說經教時的音聲。佛教認為，佛陀的說教之聲，是從離垢無染的自性中流出的微妙音聲，所以一音中具足全部的性德，包含無邊的妙用，每一眾生都可得到與他相應的部分，歡喜開解。由於眾生緣有深淺，根有利鈍，所以於一音之中同聽異聞。如果是人天根器，則聞佛說「五戒」、「十善」之法；如果是聲聞根器，則聞佛說「四諦」之法；如果是緣覺根器，則聞佛說「十二因緣」之法；如果是菩薩根器，則聞佛說「六度」等法，這就是下句所謂的「有情各各隨類解」。

❾戒定精進門：「戒定」指「戒、定、慧」三學；「精進」代指布施、持戒、忍辱、精進、禪定、

智慧六度，即菩薩修學的六個綱領。

❿無明貪瞋：無明即「癡」，合起來就是貪瞋癡三種煩惱，因為貪瞋癡為一切煩惱之根本，能長劫毒害眾生身心，故又名為「三毒」。

⓫惑盡過亡：「惑」指一切無明煩惱，「過」指過失、罪業。「惑盡過亡」即是說一切無明煩惱及由此而帶來的過失、罪業都消失殆盡。三昧力：這裡指「三毒永無」、「惑盡過亡」全因念佛三昧的力量。

⓬六波羅：「六波羅蜜」的簡稱，即布施、持戒、忍辱、精進、禪定、智慧六度。

⓭恆沙聖：「恆沙」是指印度恆河中的細沙。釋迦牟尼當年在世說法時多在恆河流域一帶，所以常用恆河沙來比喻數量之多。「聖」指佛、菩薩、羅漢。

⓮輪迴：又作「流轉」、「輪轉」等，音譯「僧娑洛」。意指眾生於六道中猶如車輪旋轉，循環不已，流轉無窮。印度婆羅門教、耆那教等都採用這種輪迴說作為它們的根本教義之一。佛教沿用了這種理論並做了進一步的發展。佛教認為，眾生今世不同的業力在來世可以獲得不同的果報，貪瞋癡等煩惱可造成惡業，由惡業招感苦報。苦報之果，果上又起惑造新業，再感未來果報，往復流轉，輪迴不止。因此輪迴貫通現在、過去和未來三世，包攝六道（天上、人間、阿修羅、地獄、餓鬼、畜生）、四生（胎生、卵生、化生、濕生）。

⓯安樂：即身安心樂，西方極樂世界亦名「安樂國」、「安樂淨土」。

至心精進第五

本品承接上一品的偈頌，首先強調了在成佛如佛並救度眾生的過程中，發無上菩提之心的重要性，接著進入主題，即要「至心精進」方能得成正果。「至心」就是至誠懇切、專一至極之心；「精進」就是精而不雜，進而不退，「至心精進」可謂修道成佛的不二法門，而且更重要的是要「精進不止」，如此無邊海水亦可斗量，無論如何深廣的誓願亦得實現。同時，經文中連續用了「汝自思惟」、「汝自當知」、「汝應自攝」三個「自」字，說明成佛境界，深妙無比，非語言分別所能了知，唯當自心默契、自知自擇。為此，世間自在王佛為法藏演說示現二百一十億諸佛國土，以使法藏比丘抉擇優劣，依聞而思，依思而修，成就最勝佛國淨土。

法藏比丘說此偈已，而白佛言：「我今為菩薩道，已發無上正覺之心❶，取願作佛，悉令如佛。願佛為我廣宣經法，我當奉持，如法修行，拔諸勤苦生死根本，速成無上正等正覺。欲令我作佛時，智慧光明，所居國土，教授名字❷，皆聞十方。諸天人民及蜎蠕類，來生我國，悉作菩薩。我立是願，都勝無數諸佛國者，寧可得否？」

【譯文】

法藏比丘頌完此偈後，就向世間自在王如來稟白道：「我現在是在修行菩薩道，已經發了無上正等正覺的心，我願精進不退，直到證得佛位，而且也讓一切眾生都能如此。希望世間自在王佛為我詳細宣說經法，我一定如法依教，信奉受持，精進修行，拔除一切無休止造業的生、死之根，破除貪、瞋、癡等妄想煩惱，迅速地修成無上正等正覺的佛智慧。希望我成佛時，我的智慧光明、所居國土、我的教化以及名號，都是聞名十方。十方世界一切六道含靈眾生，都來生於我的國土，全都成為菩薩。我立下這一個誓願，一定要使我的佛國勝過其他無數的佛國淨土，不知我這個誓願能否實現？」

【注釋】

❶無上正覺：為「無上正等正覺」的略稱，音譯為「阿耨多羅三藐三菩提」，舊譯為「無上正遍

知」、「無上正遍道」。意指佛陀所覺悟的智慧，平等、圓滿，周遍證知最究極的真理。

❷教授名字：「教授」這裡指所教所授，即所教導與傳授的經法義理。「名字」即「阿彌陀佛」這一名號。

世間自在王佛即為法藏而說經言：「譬如大海，一人斗量，經歷劫數，尚可窮底；人有至心求道，精進不止，會當剋果❶，何願不得？汝自思惟，修何方便，而能成就佛剎莊嚴？如所修行，汝自當知，清淨佛國，汝應自攝❷。」

【譯文】

世間自在王如來聽罷，便對法藏比丘說道：「譬如大海深廣無量，一個人用斗去量，經過一定時劫的堅持不懈，也能夠量盡見底；若有人堅定志願，至心求道，精進不止，就決定可圓滿本願，有什麼樣的誓願是不能實現的呢？你自己細心深入地想一想，修行哪一種方便法門，才能成就你所願實現的莊嚴佛土呢？怎樣契合本願，如法修行，你自己應當知道，要如何建立如你所願的清淨佛土，也當由你自己去決定選擇。」

【注釋】

❶會當剋果：「會」，必將；「剋」，在此同「剋」「克」，獲得；「果」，願望的圓滿，即佛果。整句意思是必將證得佛果。

❷自攝：自行選擇、攝取。

法藏白言：「斯義宏深，非我境界❶，惟願如來，應正遍知，廣演諸佛無量妙剎。若我得聞，如是等法，思惟修習，誓滿所願。」

【譯文】

法藏比丘向佛稟白道：「您所說的義理博大高深，這不是我目前的境界所能理解的，希望如來、應供、正遍知，給我廣泛地演說示現諸佛無量勝妙淨土的殊勝情形。若是我能得到您的開示，了解一切佛國淨土的勝妙與差別，我誓當深入理解、精勤修行，圓滿成就我所發的誓願。」

【注釋】

❶境界：本指疆域，佛教講「境界」有兩種意義：一指「十八界」中的「六境」（亦名六塵），包

括色、聲、香、味、觸、法，是眼、耳、鼻、舌、身、意等六根展開活動的對象，相當於人們所說的外在世界。另一層含義是指學佛修行所達到的境地。此處「境界」的意思是指後者。

世間自在王佛知其高明，志願深廣，即為宣說二百一十億諸佛剎土功德嚴淨，廣大圓滿之相，應其心願，悉現與之。說是法時，經千億歲。

【譯文】

世間自在王佛知道法藏比丘德行高尚，智慧明朗，志向遠大，誓願深廣，便為他宣說了二百一十億個佛國淨土的種種功德、莊嚴潔淨、廣大圓滿的無邊妙相，還隨順法藏比丘的心願，把這些佛國淨土全部展現給他看。世間自在王佛給法藏比丘演說此法的時間，長達千億年之久。

爾時法藏聞佛所說，皆悉睹見，起發無上殊勝之願。於彼天人善惡，國土粗妙，思惟究竟，便一其心，選擇所欲，結得大願。精勤求索，恭慎保持，修習功德，滿足五劫，於彼二十一俱胝佛土❶，功德莊嚴之事，明了通達，如一佛剎。所攝佛國，超過於彼。

【譯文】

那時，法藏比丘聽完世間自在王佛所說的法，對於佛所示現的十方佛土的無邊妙相，也眼見心明，便從世間自在王如來足下起身，立下無上殊勝大願。對於他所看到的一切世界中天人的「善」與「惡」，以及國土的「粗」與「妙」，他都一一比較，對它們的因果得失，深入思惟，達於「究竟」。於是便一其心志，決定選擇出自己所希望、使眾生普得最極真實之利的佛國淨土，結成了大願。立定大願之後，法藏比丘便勇猛精進，勤奮求索，恭敬慎重，一心專注地奉持佛教，歷時五劫，修習為成就佛國淨土所必須的功德，對於那二百一十億個佛國淨土的功德莊嚴、因緣果報，就好像對於一個佛國淨土一樣，全都能夠明瞭通達、全面透徹。因此之故，法藏比丘自己所修行攝取的佛國淨土，遠遠超過了那二百一十億個佛國淨土。

【注釋】

❶俱胝：印度數量詞。又作「拘胝」、「俱致」、「拘梨」。圓測《解深密經疏》卷六列舉三種不同傳譯：「一者十萬，二者百萬，三者千萬。」此外，《華嚴經疏鈔》卷十三又以之為「百億」。在本經中如結合上文提及的「二百一十億諸佛剎土」，則「俱胝」應為十億。其實，經中所提及的這些數目，本不應作為實際數字看待，都是表示一切所有的佛國淨土。本經之所以

反覆有「二百一十億」、「二十一」這些數目，是因為佛法中常以七、十、十六、二十一等數字代表圓滿。

既攝受已❶，復詣世間自在王如來所，稽首禮足❷，繞佛三匝❸，合掌而住，白言世尊：「我已成就莊嚴佛土，清淨之行。」

【譯文】

法藏比丘在完成了攝取佛國淨土的大願之後，又返回到世間自在王佛的居所，在佛足前稽首行禮，隨即繞佛三圈，然後雙手合十立在世間自在王佛面前，向佛稟白道：「我已經成就了莊嚴淨土，同時我也成就了最極清淨的修行。」

【注釋】

❶攝受：指佛以慈悲心來攝取、護持眾生。已：指結束。

❷稽首禮足：是佛教最恭敬的禮節。「稽首」是頭部著地或拜墊，「禮足」是將頭接觸佛足。

❸繞佛三匝：為佛教禮儀之一。即圍著佛按順時針方向行走三圈，也有繞行一圈或百千圈的，皆表

示對佛的恭敬仰慕之意。《三千威儀經》認為，繞佛必須做到：㈠低頭視地；㈡不得蹈蟲；㈢不得左右視；㈣不得唾地；㈤不得與人語話。原是古代印度的一種禮節，佛陀寂滅後，信徒們便對存放佛舍利的塔或佛像進行順時針繞行禮拜。

佛言：「善哉！今正是時，汝應具說，令眾歡喜，亦令大眾，聞是法已，得大善利。能於佛剎，修習攝受，滿足無量大願。」

【譯文】世間自在王佛說道：「很好！現在正是機緣成熟的時間，你應該具體宣演你那佛國淨土的好處，普令大眾心生法喜，也讓十方大眾聽了之後，得到殊勝的法益。使他們能到你修行成就的佛國淨土，修行攝受，滿足他們成佛之願，也滿足你普度眾生的大願。」

發大誓願第六

本品為全經最重要的一品，其中心是法藏宣說自己所發的四十八大誓願。法藏菩薩成就阿彌陀佛，世人稱為「大願王」，之所以稱其為「大願王」，就是因為他在因地中所發的大願無比殊勝，為他佛所不及。本經的主旨實際上就是緊緊圍繞四十八大願而展開的，四十八大願可謂本經乃至整個淨土宗的總綱領。

淨影寺慧遠《無量壽經義疏》、吉藏《無量壽經義疏》等又將阿彌陀佛四十八願總括為三類，即：㈠攝淨土願，又作「攝土願」、「求佛土願」，是有關法藏希望所建淨土種種殊勝莊嚴的情狀，包括四十八願中之第三十一、三十二願；㈡攝法身願，又作「攝佛身願」、「求佛身願」，為有關佛身成就的誓願，包括四十八願中的第十二、十三、十七願；㈢攝眾生願，又作「利眾生願」、「攝生願」，是法藏比丘在誓願中為利益眾生所做的承諾，包括餘下的四十三願。如進一步細分，「攝眾生願」又可分為四類，即攝淨土天人願、攝淨土聖眾願、攝他方眾生願、攝他方菩薩願。

另外，有關法藏所發的誓願，由於本經譯本眾多，所以各譯本數目種類也不盡相同。東漢、東吳兩譯同為二十四願，且經中明言「便結得二十四願經」，宋譯則為三十六願，曹魏、唐兩譯則為四十八願。《後出阿彌陀偈經》亦有「誓二十四章」的說法。但由於曹魏譯本的流行，所以一般都以「四十八願」來說阿彌陀佛因地誓願，「二十四願」說儘管在諸譯本中占多數，反而不彰於世。夏蓮居會集諸譯眾說，巧妙地以二十四為章，四十八為目，即將四十八願整合到二十四段經文中，既符「誓二十四章」的古說，又合「四十八願」的慣例，較好地解決了諸譯本間的分歧。

法藏白言：「唯願世尊，大慈聽察。

【譯文】

法藏比丘向世間自在王稟白道：「世尊，希望您用大慈之心，聽我陳說，鑒察我心。

「我若證得無上菩提，成正覺已，所居佛剎，具足無量不可思議功德莊嚴。無有地獄、餓鬼、禽獸、蜎飛蠕動之類。所有一切眾生，以及焰摩羅界❶，三惡道中，來生我剎，受我法化，悉成阿耨多羅三藐三菩提，不復更墮惡趣。得是願，乃作佛；不得是願，不取無上正覺。（一、國無惡道願；二、不墮惡趣願）

【譯文】

「我如果證得了無上正等正覺，正式成佛，我所居住的佛國淨土，圓滿具足無量無邊、不可思量、不可言說的種種殊勝功德和清淨莊嚴。國土中沒有地獄、沒有餓鬼、沒有禽獸，乃至一切飛蟲、爬蟲。所有一切眾生，乃至焰摩羅世界、三惡趣道中的眾生，只要往生到我的佛國淨土，接受我的教化，也能全部成就無上正等正覺，超出輪迴苦海，不再墮入惡道之中。以上願望能夠成就，我方才成佛；若不能成就，我終不成佛。（第一願，國無惡道；第二願，不墮惡趣）

【注釋】

❶焰摩羅界：焰摩羅王所統轄的世界，即地獄。「焰摩羅王」又譯為「閻摩羅王」、「閻邏王」、「炎摩王」等，即世俗所謂的閻王、閻羅王。在六道輪迴中，地獄最下劣、最慘苦，列為「三惡道」（地獄、餓鬼、畜生）之首。據說，造「五逆」、「十惡」的人，死後將受地獄報應。地獄名目很多，如阿鼻地獄、十八地獄、火車地獄、八大地獄等。

「我作佛時，十方世界，所有眾生，令生我剎，皆具紫磨真金色身❶，三十二種大丈夫相❷。端正淨潔，悉同一類。若形貌差別，有好醜者，不取正覺。（三、身悉金色願；四、三十二相願；五、身無差別願）

【譯文】

「我成佛之時，要使十方世界的一切眾生在往生我的佛國淨土後，都能具有紫磨真金色的不壞真身，都具有三十二種大丈夫相。國中全部眾生的容貌端正，形色潔淨，沒有差別。如果國中眾生的身容相貌有好壞、美醜的差別，我終不成佛。（第三願，身悉金色；第四願，三十二相；第五願，身無差別）

【注釋】

❶紫磨真金色身：「紫磨真金」就是赤金，是最上等的黃金，在此表佛身不變不壞。

❷三十二種大丈夫相：又名「三十二大人相」、「三十二大士相」，簡稱「三十二相」、「大人相」、「四八相」、「大士相」、「大丈夫相」。是指轉輪聖王及佛的應化身所具足之三十二種

殊勝容貌與微妙形相，與更微細隱密難見的「八十種好」合稱「相好」。根據《三藏法數》，三十二相具體包括：一、足安平相，二、足千輻輪相，三、手指纖長相，四、手足柔軟相，五、手足縵網相，六、足跟圓滿相，七、足趺高好相，八、腨如鹿王相，九、手長過膝相，十、馬陰藏相，十一、身縱廣相，十二、毛孔青色相，十三、身毛上靡相，十四、身金光相，十五、常光一丈相，十六、皮膚細滑相，十七、七處平滿相，十八、兩腋滿相，十九、身如獅子相，二十、身端正相，二十一、肩圓滿相，二十二、口四十齒相，二十三、齒白齊密相，二十四、四牙白淨相，二十五、頰車如獅子相，二十六、咽中津液得上味相，二十七、廣長舌相，二十八、梵音清遠相，二十九、眼色紺青相，三十、睫如牛王相，三十一、眉間白毫相，三十二、頂成肉髻相。

「我作佛時，所有眾生，生我國者，自知無量劫時宿命，所作善惡，皆能洞視、徹聽，知十方去來現在之事❶。不得是願，不取正覺。（六、宿命通願；七、天眼通願；八、天耳通願）

【譯文】

「我成佛之時，要使一切十方世界往生我佛國淨土的眾生，都能夠自己知道自身過去無量劫中所造的一切善惡果報，對自己所行之善、所作之惡都能洞視、徹聽，能知曉了解十方世界過去、將來、現在發生的所有事情。以上願望如果不能得到實現，我終不成佛。（第六願，宿命通；第七願，天眼通；第八願，天耳通）

【注釋】

❶「自知」四句：宿命，宿指宿世、過去世；命指生命、命運。宿命即一切眾生在過去無數次的輪迴中，曾經歷的各式各樣的生命形態。能夠徹底了解宿命情況的，謂之「宿命通」，屬於「六神通」之一。「六神通」包括：天眼通、天耳通、他心智通、宿命通、身如意通、漏盡通，本段經文即是介紹法藏誓願一切眾生要達到宿命通、天眼通、天耳通。天眼通指能徹見六道眾生，死生苦樂之相以及世間一切遠近粗細形色。天耳通指能聽到六道眾生苦樂憂喜以及遠近粗細的一切語言與音聲。

「我作佛時，所有眾生，生我國者，皆得他心智通❶。若不悉知億那由他百千佛剎眾生心念者❷，不取正覺。（九、他心通願）

【譯文】

「我成佛之時，要使所有一切往生我佛國淨土的眾生，都獲得知曉無量無邊佛剎眾生心之所想的『他心智通』。假如我佛土中眾生不能盡知無量無邊佛剎眾生的心念，我終不成佛。（第九願，他心通）

【注釋】

❶他心智通：「六神通」之一，指能如實了知他人心中所思所想的神通力。

❷那由他：印度數量詞。又作「那庾多」、「那由多」、「那術」、「那述」。大體上與中國所說的「億」相當，古時億又分為十萬、百萬、千萬三等，所以佛經上的「那由他」所表示的數目也就不等，通常表示數目非常巨大。本段經文中的「億那由他百千」則進一步形容數量多到無法計算。

「我作佛時，所有眾生，生我國者，皆得神通自在、波羅蜜多❶。於一念頃，不能超過億那由他百千佛剎，周遍巡歷，供養諸佛者，不取正覺。（十、神足通；十一、遍供諸佛願）

【譯文】

「我成佛之時，要使所有十方世界往生我佛國淨土的眾生，都能獲得自在顯現沒有障礙的『自在神通』，超達彼岸，沒有障礙。如果在起念的一剎那，不能超抵無量無邊佛國淨土，周遊遍巡諸佛國，供養眾佛，我終不成佛。（第十願，神足通；第十二願，遍供諸佛）

【注釋】

❶波羅蜜多：又作「波羅蜜」，意譯為「到彼岸」、「度無極」、「事究竟」，簡稱為「度」。指自生死迷界的此岸而到達涅槃解脫的彼岸，通常指菩薩的修行而言，故有「六波羅蜜」即「六度」之說。有關「六度」，參見頁41注❹。

「我作佛時，所有眾生，生我國者，遠離分別，諸根寂靜❶。若不決定成等正覺，證大涅槃者❷，不取正覺。（十二、定成正覺願）

【譯文】

「我成佛之時，要使所有往生我佛國淨土的眾生，遠離一切分別心，六根離煩杜患，清淨安寧。若是不能決定成佛、契入涅槃實際理體，我終不成佛。（第十二願，定成正覺）

【注釋】

❶諸根寂靜：「諸根」指眼、耳、鼻、舌、身、意六根。「寂靜」，脫離一切煩惱為「寂」，杜絕一切苦患為「靜」。六根寂靜即是涅槃的本性。

❷涅槃：意譯為「滅度」、「寂滅」、「圓寂」等。「涅槃」原意是火的熄滅或風的吹散狀態，佛教用指修證的最高境界，即經過修道，能夠徹底地斷除煩惱，具備一切功德，超脫生死輪迴，入於「不生不滅」境界。其具體解釋有很多，如：息除煩惱業因、滅掉生死苦果、生死因果全部滅盡，而人得度，故稱「滅」或「滅度」；眾生流轉生死，皆由煩惱業因，若息滅了煩惱業因，則生死苦果自息，故名為「寂滅」或「解脫」；永不再受三界生死輪迴，故名「不生」；惑無不盡，德無不圓，故又稱「圓寂」等等。

「我作佛時，光明無量，普照十方。絕勝諸佛，勝於日月之明千萬億倍。若有眾生，見

我光明，照觸其身，莫不安樂，慈心作善，來生我國。若不爾者，不取正覺。（十三、光明無量願；十四、觸光安樂願）

【譯文】

「我成佛之時，要具足無盡無量的光明，普照十方上下一切處所。所放光明要絕對地勝過其他諸佛發出的光明，要勝過太陽和月亮的光明千萬億倍。一切見到我光明的眾生，光芒照耀在他們身上的，莫不感到清淨真實的極殊勝的身安心樂，自然會慈心行善，往生我佛國淨土。以上願望如果不能得到實現，我終不成佛。（第十三願，光明無量；第十四願，觸光安樂）

「我作佛時，壽命無量。國中聲聞天人無數，壽命亦皆無量。假令三千大千世界眾生❶，悉成緣覺，於百千劫，悉共計校❷，若能知其量數者，不取正覺。（十五、壽命無量願；十六、聲聞無數願）

【譯文】

「我成佛之時，壽命將無量無邊。我佛國淨土中的聲聞、天人，他們的壽命也全都無量無邊。假使三千大千世界的眾生全都成為緣覺，用百千劫的時間來計算，他們的壽命與數量能夠用數目來表示而非無量無邊，我終不成佛。（第十五願，壽命無量；十六願，聲聞無數）

【注釋】

❶三千大千世界：佛經中說，以須彌山為中心，以鐵圍山為外郭，在同一日月照耀下的四大洲及其中的七山八海，稱為一個小世界。其空間為自色界的初禪天至大地底下的風輪的範圍，其間包括日、月、須彌山、四天王天、三十三天、夜摩天、兜率天、樂變化天、他化自在天、梵世天等。積一千個這樣的小世界，為一個「小千世界」；積一千個「小千世界」，為一個「中千世界」；積一千個「中千世界」，即為「大千世界」。此大千世界因由小、中、大三種千世界所集成，故稱「三千大千世界」。按此推算，三千世界當包括十億個小世界，而根據佛典，三千世界又是一佛所教化的領域，所以又稱「一佛國」。

❷計校（ㄐㄧˋ ㄐㄧㄠˋ）：即計算度量。

「我作佛時，十方世界無量剎中，無數諸佛，若不共稱歎我名，說我功德國土之善者，不取正覺。（十七、諸佛稱歎願）

【譯文】

「我成佛之時，那十方世界無量佛土中的無數眾佛，若是不共同稱頌我的名號，若是不共同演說我的功德和國土的善好，我終不成佛。（第十七願，諸佛稱歎）

「我作佛時，十方眾生，聞我名號，至心信樂，所有善根，心心迴向❶，願生我國，乃至十念❷。若不生者，不取正覺。唯除五逆❸，誹謗正法。（十八、十念必生願）

【譯文】

「我成佛之時，十方世界的所有眾生聽到我的名號，發起至誠無上的信受之心和樂意往生之心，並將所種一切善根，以至誠至純之心，念念相續地迴向發願求生我佛國淨土，乃至在臨終前僅僅稱念十句佛號亦得往生我佛國淨土。若眾生依此而行不得往生，我終不成佛。唯獨那些犯了五逆之罪還誹謗佛法的人，不得往生。（第十八願，十念必生）

【注釋】

❶心心：意指心心相續、淨念相繼。迴向：即回轉趣向。意指回轉自己所做的功德善根，趨向於所

期望的目標。如趨向菩提至道，或趨向往生淨土，或施與眾生等。曇鸞《往生論註》卷下所謂：「迴向者，迴己功德，普施眾生，共見阿彌陀如來，生安樂國。」正與本段經文所言回向意思相同，即用自己一切功德，實現一切眾生往生極樂世界的終極目標。

❷十念：有幾種含義，有指原始及部派佛教所倡行的十種禪法的，即十種專念一對象以攝心、息妄想的方法，又作「十隨念」。根據《增壹阿含經》卷一載，包括念佛、念法、念僧、念戒、念施、念天、念休息、念安般、念身非常、念死等十念。而本經所謂「十念」則專指淨土宗的「稱名十念」，即以十念阿彌陀佛名號即可往生彌陀淨土，為淨土宗的重要教義。關於這種意義上的「十念」，淨土宗內部也有不同解釋，據曇鸞《往生論註》卷上，觀所謂「十念」，即是憶念阿彌陀佛的總相及別相，又稱念其名號，不摻雜他想而專心持續，可由此往生極樂淨土，故有「不必具足十念」之說。善導則將「十念」解釋為連續稱念阿彌陀佛名號十次即可往生極樂世界。而關於稱念佛名的「念」也有不同解說，有的認為每稱念「南無阿彌陀佛」六字一次，即稱為一念，而有的則認為一口氣連聲稱念阿彌陀佛不斷，如此每一口氣結束，稱為「一念」，如此十口氣稱為「十念」。

❸五逆：有大乘和小乘之別。小乘五逆是指殺父、殺母、殺阿羅漢、破和合僧、出佛身血這五種重罪，任犯其中一種，即墮無間地獄，故又名「無間業」。大乘五逆則指：(1)破壞塔寺、燒毀經像、奪取三寶之物；或教唆他人行這些事，而心生歡喜。(2)誹謗聲聞、緣覺以及大乘法。(3)妨礙

出家人修行，或殺害出家人。⑷犯小乘五逆罪之一。⑸主張所有皆無業報，而行十不善業；或不畏後世果報，而教唆他人行十惡等。《觀無量壽經》中認為，犯五逆十惡重罪者，如在臨終時遇到勝緣，也能往生極樂世界，而本經則認為五逆是被排除在往生淨土可能性之外的。對此，有人解釋為五逆仍可往生，但如果不僅身犯五逆重罪，還「誹謗正法」，則決定不能往生。也有不同解釋，如善導認為，本經所謂五逆謗法不得往生，只是體現佛陀止惡揚善之意，屬於方便之說。

「我作佛時，十方眾生，聞我名號，發菩提心，修諸功德，奉行六波羅蜜，堅固不退。復以善根迴向，願生我國。一心念我，晝夜不斷。臨壽終時，我與諸菩薩眾現迎其前，經須臾間，即生我剎，作阿惟越致菩薩❶。不得是願，不取正覺。（十九、聞名發心願；二十、臨終接引願）

【譯文】

「我成佛之時，十方世界的所有眾生聽到我的名號，發起殊勝的菩提心，精勤修行種種功德，奉行布施、持戒、忍辱、精進、禪定、智慧六度，堅定不移，永不退轉。然後用自己所修的一切善根迴向發願求生我佛國淨土。專一其心，持念佛號，晝夜不斷。在他臨終之時，我與淨土中的諸菩薩們便會一齊出現在這人之前，接引他往生，片刻之間，此人就得以往生我的佛國淨土，成為圓滿證得『位』、『行』、『念』三不退轉的阿惟越致大菩薩。以上願望如果不能得到實現，我終不成佛。（第十九願，聞名發心；第二十願，臨終接引）

【注釋】

❶阿惟越致：音譯又作「阿鞞跋致」、「阿毘跋致」，意譯為「不退轉」。指在修行佛道的過程中，不退失既得的功德。是菩薩的階位名，要經過一大阿僧祇劫的修行，才能到達此位。

「我作佛時，十方眾生，聞我名號，繫念我國，發菩提心，堅固不退，植眾德本，至心迴向，欲生極樂，無不遂者。若有宿惡，聞我名字，即自悔過，為道作善，便持經戒，願生我剎，命終不復更三惡道，即生我國。若不爾者，不取正覺。（二十一、悔過得生願）

【譯文】

「我成佛之時，十方世界的所有眾生聽聞我的名號，就至心嚮往，一心想念我的佛國淨土，生發菩提心，堅定不移，永不退轉，培植眾德的根本，勤修種種功德，廣種善根，並用至誠至純之心來迴向，發願求生我佛國淨土，沒有不順遂心願的。如果有人在過去多生直到今世所造下極重惡業，聽聞我的名號，能立刻悔改過失，誓不再犯，重歸正道，廣行善事，奉持經教，遵行戒律，發願往生我的佛國淨土，就能在命終之後不再墮於三惡道中，立即往生我的佛國淨土。若此誓願不得實現，我終不成佛。（第二十一願，悔過得生）

「我作佛時，國無婦女。若有女人，聞我名字，得清淨信，發菩提心，厭患女身，願生我國，命終即化男子，來我剎土。十方世界諸眾生類，生我國者，皆於七寶池蓮華中化生❶。若不爾者，不取正覺。（二十二、國無女人願；二十三、厭女轉男願；二十四、蓮華化生願）

【譯文】

「我成佛之時，我的佛國淨土中沒有婦女。如果有女人聽聞到我的名號，能生清淨無染、無疑無垢、遠離煩惱過惡的信心，發菩提心，厭惡女身，發願求生我佛國淨土，那麼，在命終時，能立即化身為男子，往生我的佛國淨土。十方世界的種種眾生，往生我的佛國淨土者，都能在七寶池的蓮花中化生。若此誓願不得實現，我終不成佛。（第二十二願，國無女人；第二十三願，厭女轉男；第

二十四願，蓮花化生）

【注釋】

❶蓮華：即蓮花。化生：佛教所謂「四生」之一，即無所依託，借業力而出生。凡化生者，不缺諸根支分（如手足等四肢五體，稱為支分），死亦不留其遺形，即所謂頓生而頓滅，故於四生中屬最勝之生。所謂「四生」是指胎生、卵生、濕生、化生。胎生是在母胎內成體之後才出生的生命，如人類；卵生是在卵殼內成體之後才出生的生命，如鳥類；濕生是依靠濕氣而受形的生命，如蟲類；諸天和地獄以及劫初的人類屬於化生。本段所謂「於七寶池蓮華中化生」，特指超於胎卵濕化四生的化生，即不需要父母，不需要外緣，就是只需往生者的功德和彌陀的願力相應，就自然化現而有身。

「我作佛時，十方眾生，聞我名字，歡喜信樂，禮拜歸命，以清淨心，修菩薩行，諸天世人，莫不致敬。若聞我名，壽終之後，生尊貴家，諸根無缺，常修殊勝梵行❶。若不爾者，不取正覺。（二十五、天人禮敬願；二十六、聞名得福願；二十七、修殊勝行願）

【譯文】「我成佛之時，十方世界的一切眾生，聽聞到我的名號，生出歡喜信樂之心，虔誠禮拜皈依，以無垢無染的清淨心，修習六度四攝自覺覺他的菩薩行，種種天界以及世間有情，無不對他禮敬有加。十方世界的一切眾生，聽聞到我的名號，則在其壽終之後，即使沒有發願往生，也可轉生到尊貴人家，得眼、耳、鼻、舌、身、意六根不殘不缺的福德果報，又能時時勤修清淨離欲的殊勝之行。若上述誓願不得實現，我終不成佛。（第二十五願，天人禮敬；第二十六願，聞名得福；第二十七願，修殊勝行）

【注釋】

❶梵行：指清淨無欲、持戒斷淫之行。「殊勝梵行」在此特指念佛法門。

「我作佛時，國中無不善名。所有眾生，生我國者，皆同一心，住於定聚❶，永離熱惱❷，心得清涼，所受快樂，猶如漏盡比丘❸。若起想念❹，貪計身者，不取正覺。

（二十八、國無不善願；二十九、住正定聚願；三十、樂如漏盡願；三十一、不貪計身願）

【譯文】

「我成佛之時，我佛國淨土之中沒有不善的名稱。所有往生我佛國淨土的眾生，都同心向善，住於必定成佛不退轉的正定之聚，永遠不會有遍體如燒、心中如焚的苦惱，心境清涼爽快，其樂無比，如同斷盡諸漏煩惱的阿羅漢。如果我的佛國淨土中還有人生分別、執著之心，貪求留戀、執著計較自己的色身，我終不成佛。」（第二十八願，國無不善；第二十九願，住正定聚；第三十願，樂如漏盡；第三十一願，不貪計身）

【注釋】

❶定聚：即正定聚，佛教所謂「三聚」（正定聚、邪定聚、不定聚）之一，「正定聚」是指一定可以證悟的一類眾生；「邪定聚」是指畢竟不能證悟的一類眾生；「不定聚」是指介於正邪之間，可能證悟也可能不證悟的一類眾生。

❷熱惱：因極端痛苦，而使身心焦熱苦惱。

❸漏盡比丘：「漏」即煩惱，「漏盡比丘」是指斷盡煩惱，證得阿羅漢果位的比丘。

❹起想念：生起分別、執著之心。

「我作佛時，生我國者，善根無量，皆得金剛那羅延身❶，堅固之力。身頂皆有光明照耀，成就一切智慧。獲得無邊辯才，善談諸法秘要，說經行道，語如鐘聲。若不爾者，不取正覺。（三十二、那羅延身願。三十三、光明慧辯願；三十四、善談法要願）

【譯文】

「我成佛之時，往生我佛國淨土的一切眾生，皆具無量善根，都得到那羅延金剛的金剛不壞之身，具有堅牢無比的力量。身上頭頂皆有光明照耀，具足成就圓滿智慧，具有無邊無礙、善巧說法的才能，能夠契理契機地演說諸多佛法的秘義奧旨，行道說經時，聲若洪鐘，震破愚迷，清醒覺心。若上述誓願不得實現，我終不成佛。（第三十二願，那羅延身；第三十三願，光明慧辯；第三十四願，善談法要）

【注釋】

❶金剛：即金中最剛之義。因其堅固、銳利，故能摧毀一切，且非萬物所能破壞。佛教中經常用來比喻佛法堅固能摧毀一切。亦指「力士」，或手持金剛杵的護法天神。中國寺院中的四大天王像，俗稱「四大金剛」。那羅延：印度古代神祇，意譯為「堅固力士」、「鉤鎖力士」、「金剛力士」、「人中力士」。據《慧琳音義》卷六稱，那羅延為欲界諸天之一，是神力的象徵，

欲求神力之人奉事供養，如果精誠祈禱，即可多獲神力。關於其形像，《慧琳音義》卷四十一云：「此天多力，身緣金色，八臂，（乘）金翅鳥王，手持鬥輪及種種器杖，每與阿修羅王戰爭也。」「金剛那羅延身」是指佛的金剛不壞、雄猛有力之身。

「我作佛時，所有眾生，生我國者，究竟必至一生補處❶。除其本願為眾生故。被弘誓鎧，教化一切有情，皆發信心，修菩提行，行普賢道。雖生他方世界，永離惡趣。或樂說法，或樂聽法，或現神足，隨意修行，無不圓滿。（三十五、一生補處願；三十六、教化隨意願）

【譯文】

「我成佛之時，所有往生我佛國淨土的眾生，都能究竟證得一生補處等覺菩薩果位，決定一生成佛。除非他們願意為了實現本願，以宏深誓願為鎧甲，降臨種種穢土，教化一切有情眾生，使眾生都能生發信奉佛教的清淨信心，修習覺悟成佛之道，踐行普賢由願導行、自覺覺他之道。這些菩薩示現於他方世界、生死海中，也永遠不會墮於畜牲、惡鬼、地獄等惡趣。他們或示現說法者之身，或示現聽法者之身，或示現神足通等神通，無論以何種身分、方式修行教化，無不成就圓滿。若上述誓願不

得實現，我終不成佛。（第三十五願，一生補處；第三十六願，教化隨意）

【注釋】

❶一生補處：略稱「補處」，原為「最後之輪迴者」之義，即經過此生，來生決定可在世間成佛。所以「一生補處」也指菩薩的最高位——等覺菩薩。一般認為，彌勒為一生補處菩薩，據《彌勒上生經》等記載，彌勒菩薩現居於兜率天內院，待此生盡，則下生於人間，以補釋迦牟尼之佛位。此詞又作「一生所繫」，即指僅此一生被繫縛於迷界，來生即可成佛。

「我作佛時，生我國者，所須飲食、衣服、種種供具❶，隨意即至，無不滿願。十方諸佛，應念受其供養。若不爾者，不取正覺。（三十七、衣食自至願；三十八、應念受供願）

【譯文】

「我成佛之時，往生我佛國淨土的一切眾生，所需要的飲食、衣服以及供佛所需的種種供物，隨其意欲想念而即刻自然出現於前，無不滿足於他們的願望。供養十方世界的無量諸佛，也只在一念發動的剎那之間。若上述誓願不得實現，我終不成佛。（第三十七願，衣食自至，第三十八願，應念受

供）

【注釋】

❶供具：指用來供養佛菩薩或佛、法、僧三寶的物品，常用共有六種，即花、塗香、水、燒香、飯食、燈明等，分別象徵布施、持戒、忍辱、精進、禪定、智慧等六度。後世把供在佛前的香、花、燈明、飲食等，稱為「供物」，而專門盛放供物的器具則稱為供具。佛教中，供奉衣服、飲食、臥具、湯藥等，稱為「四事供養」。供以花、香、瓔珞、末香、塗香、燒香、繒蓋、幢幡、衣服、伎樂等，稱為「十種供養」。

「我作佛時，國中萬物，嚴淨光麗，形色殊特，窮微極妙，無能稱量。其諸眾生，雖具天眼，有能辨其形色、光相、名數，及總宣說者，不取正覺。（三十九、莊嚴無盡願）

【譯文】

「我成佛之時，我佛國淨土中的一切萬物，都莊嚴清淨，光鮮亮麗，形狀、色彩無不殊勝奇特，精妙至極，難以言表。在我佛國淨土中的一切眾生，即使都具有了『天眼』的神通，但如果居然有人能辨識這些殊特微妙之物的形貌、色彩、光澤、相狀、名稱、數量，甚至能將其形色、光相、名數全部宣說出來，我終不成佛。（第三十九願，莊嚴無盡）

「我作佛時，國中無量色樹，高或百千由旬❶，道場樹高四百萬里❷。諸菩薩中，雖有善根劣者❸，亦能了知。欲見諸佛淨國莊嚴，悉於寶樹間見，猶如明鏡，睹其面相。若不爾者，不取正覺。（四十、無量色樹願；四十一、樹現佛剎願）

【譯文】

「我成佛之時，在我佛國淨土中有無盡無量色彩繽紛的寶樹，高達數百由旬乃至數千由旬，更為殊勝的菩提樹則高達四百萬里。我佛國淨土中的諸菩薩中，雖然有些善根較差，也能夠了知這些寶樹的功德莊嚴。要想看到十方諸佛種種國土的清淨莊嚴，只需從寶樹之間觀看便能一覽無遺，就像通過明潔的鏡子，看到自己的面容一般清楚。若上述誓願不得實現，我終不成佛。（第四十願，無量色樹；第四十一願，樹現佛剎）

【注釋】

❶由旬：又作「踰闍那」、「瑜膳那」、「俞旬」、「由延」等。為印度計算里程單位。原意指公牛掛軛行走一日的路程，另據《大唐西域記》卷二載，一由旬指帝王一日行軍的距離。有關由旬的實際長度有各種不同說法，大概在三十里至六十里之間，但說四十里為一由旬者居多。

❷道場：廣義的道場是指一切修行佛道的場所；狹義則指中印度菩提伽耶的菩提樹下的金剛座上佛陀成道之處。本段經文提及的「道場」專指阿彌陀佛講經說法的場所。由於釋迦牟尼於菩提樹下的金剛座成佛，所以又把菩提樹稱為「道場樹」。

❸善根劣者：善根較為低下者，此處應指本經第二十四「三輩往生品」中的所謂「下輩往生」者。

「我作佛時，所居佛刹，廣博嚴淨，光瑩如鏡，徹照十方無量無數、不可思議諸佛世界。眾生睹者，生希有心。若不爾者，不取正覺。（四十二、徹照十方願）

【譯文】

「我成佛之時，我所居住的佛國淨土廣闊無邊，莊嚴清淨，如明鏡一般徹亮晶瑩，能遍照十方無邊無量不可思議多的諸佛世界。十方世界一切眾生，如能見到這種遍照十方世界不可思議的功德之

相，必定生起無上殊勝稀有的菩提心。若此願不得成就，我終不成佛。（第四十二願，徹照十方）

「我作佛時，下從地際，上至虛空，宮殿、樓觀、池流、華樹，國土一切萬物，皆以無量寶香合成。其香普薰十方世界，眾生聞者，皆修佛行。若不爾者，不取正覺。（四十三、寶香普熏願）

【譯文】

「我成佛之時，我那佛國淨土當中，從地上到天空，徹上徹下，無論宮殿、樓觀、池塘、溪流、花草、樹木以及所有一切萬物，全部都由無盡無量種類的寶香合成。其香遍薰十方諸佛世界，十方世界的眾生只要聞到這些香味，必然全都修學佛所教導的種種殊勝清淨之行。若此願不得成就，我終不成佛。（第四十三願，寶香普熏）

「我作佛時，十方佛剎，諸菩薩眾，聞我名已，皆悉逮得清淨、解脫、普等三昧❶。諸深總持❷，住三摩地，至於成佛。定中常供無量無邊一切諸佛，不失定意❸。若不爾者，不

取正覺。（四十四、普等三昧願；四十五、定中供佛願）

【譯文】

「我成佛之時，十方諸佛世界的一切菩薩，只要聽到我的名號，就能立即證得清淨三昧、解脫三昧、普等三昧。得到種種甚深陀羅尼，安住於正定，最後功德圓滿，成就佛果。還能在住於正定中時時供養十方無量無邊的一切諸佛，且不失定意。若上述誓願不得實現，我終不成佛。（第四十四願，普等三昧；第四十五願，定中供佛）

【注釋】

❶逮得：隨即證得。清淨：即清淨三昧，指六根清淨無染，遠離一切執著而得自在的境地。解脫：即解脫三昧，指脫離一切煩惱纏縛而得自在的境地。普等三昧：「普」就是普遍，「等」就是平等，意指同時普見一切諸佛的三昧。

❷總持：參見頁25注㉗「陀羅尼」注釋。

❸失定意：即隨時保持清淨心，不為外境所轉，這是八地菩薩以上才有的境界。

「我作佛時，他方世界，諸菩薩眾，聞我名者，證離生法❶，獲陀羅尼，清淨歡喜，得平等住❷，修菩薩行，具足德本。應時不獲一二三忍❸，於諸佛法，不能現證不退轉者，不取正覺。」（四十六、獲陀羅尼願；四十七、聞名得忍願；四十八、現證不退願）

【譯文】

「我成佛之時，他方世界的眾位菩薩，只要聽到我的名號，就能證得永離六道生死之法，獲得陀羅尼，安住於諸法實相，離垢無染，歡喜愉悅，入無差別境界，修菩薩行，具足一切佛果功德的根本。如果（聽到我的名號）不能立刻獲得音響忍、柔順忍乃至無生法忍，在修持諸種佛法過程中，如果（聽到我的名號）不能立刻圓滿證得三不退轉以成正覺的果位，我終不成佛。」（第四十六願，獲陀羅尼；第四十七願，聞名得忍；第四十八願，現證不退）

【注釋】

❶離生法：永遠出離三界生死輪迴之法。

❷平等住：遠離高下、深淺、大小、親疏、智愚、迷悟種種差別執著，是淺層次的平等。進而言之，則真如周遍，萬法一如，心、佛、眾生，三無差別，安住於真如實相、如來正覺中，於一切萬法不起分別，則是真實的「平等住」。

❸一二三忍：「忍」有忍耐、安忍兩層意思，即忍耐不如意的環境而不生瞋恚的心，安忍即心安住於理而不動搖。本經此處「忍」應為安忍之意。本段經文沒有對三忍的具體名稱做進一步解說，因而佛教內部歷來眾說紛紜，有的認為是《仁王經》所說「五忍」的前三忍，即「伏忍」、「信忍」和「順忍」，有的認為是「伏忍」中的下中上三忍，善導認為一是喜忍，即念阿彌陀佛而生歡喜心者，二是悟忍，即念阿彌陀佛而悟解真理者，三是信忍，即念阿彌陀佛而心生正信者。當然，更多的人認為，應參照本經第十五「菩提道場」品來解釋「一二三忍」，即該品中提出，往生極樂世界的人，都能聽聞七寶樹林發出的音聲而得三種法忍，即音響忍、柔順忍和無生法忍，願文中的「一二三忍」也應是指如上三忍。

必成正覺第七

本品承接上一品，進一步以偈頌形式展開「四十八大誓願」，所以可以視為上一品的總結。如果說「發大誓願」是因，「必成正覺」則是其果。所謂「必成正覺」，即是必定證得無上菩提、無上正等正覺，必定成就佛果。「我建超世志，必至無上道。斯願不滿足，誓不成等覺」開頭四句，可謂「四十八大願」的基本綱骨。當然，大乘佛教的宗旨，在於自度度人，法藏「必成正覺」的偈頌，同樣不僅追求自身成佛，更要立誓普度眾生，出離三途惡道，成就圓滿佛果。所以本品偈頌反覆申說此意，如：「復為大施主，普濟諸窮苦；令彼諸群生，長夜無憂惱」、「亦以大悲心，利益諸群品……消除三垢冥，明濟眾厄難。悉捨三途苦，滅諸煩惱暗。開彼智慧眼，獲得光明身」等等。而後面一句「圓滿昔所願，一切皆成佛」，更是將使一切眾生成佛作為其宏深誓願的終極目標，尤其體現了彌陀淨土思想的獨特之處。

佛告阿難：「爾時法藏比丘說此願已，以偈頌。」曰：

我建超世志，必至無上道。
斯願不滿足，誓不成等覺❶。
復為大施主❷，普濟諸窮苦。
令彼諸群生，長夜無憂惱。
出生眾善根，成就菩提果。
我若成正覺，立名無量壽。
眾生聞此號，俱來我剎中。
如佛金色身，妙相悉圓滿。
亦以大悲心，利益諸群品❸。
離欲深正念，淨慧修梵行。
願我智慧光，普照十方剎。
消除三垢冥❹，明濟眾厄難。
悉捨三途苦，滅諸煩惱暗。
開彼智慧眼，獲得光明身。

閉塞諸惡道，通達善趣門。
為眾開法藏，廣施功德寶。
如佛無礙智，所行慈愍行。
常作天人師，得為三界雄❺。
說法師子吼❻，廣度諸有情。
圓滿昔所願，一切皆成佛。
斯願若尅果，大千應感動。
虛空諸天神，當雨珍妙華❼。

佛告阿難：「法藏比丘，說此頌已，應時普地六種震動❽，天雨妙華，以散其上，自然音樂空中讚言：決定必成無上正覺。」

【譯文】 釋迦牟尼佛告訴阿難說：「那時，法藏比丘說完以上誓願之後，又用偈頌表達自己的心願。」偈頌是：

我建超世志，必至無上道。
斯願不滿足，誓不成等覺。
復為大施主，普濟諸窮苦。

令彼諸群生，長夜無憂惱。
出生眾善根，成就菩提果。
我若成正覺，立名無量壽。
眾生聞此號，俱來我剎中。
如佛金色身，妙相悉圓滿。
亦以大悲心，利益諸群品。
離欲深正念，淨慧修梵行。
願我智慧光，普照十方剎。
消除三垢冥，明濟眾厄難。
悉捨三途苦，滅諸煩惱暗。
開彼智慧眼，獲得光明身。
閉塞諸惡道，通達善趣門。
為眾開法藏，廣施功德寶。
如佛無礙智，所行慈愍行。
常作天人師，得為三界雄。
說法師子吼，廣度諸有情。

圓滿昔所願，一切皆成佛。

斯願若尅果，大千應感動。

虛空諸天神，當雨珍妙華。」

釋迦牟尼對阿難說：「法藏比丘剛說完上述偈頌，果真立刻有瑞相產生：大地出現動、起、湧、震、吼、搖六種震動，天空中種種妙花，紛紛揚揚如雨而降，上空自然響起妙曼的音樂，似乎在讚說：『法藏比丘定能成就無上正覺。』」

【注釋】

❶ 等覺：無上正等正覺，也可以解釋為佛的十大名號之一。

❷ 施主：音譯「檀越」、「陀那鉢底」、「陀那婆」，又作「布施家」。即施予僧眾衣食，或出資舉行法會等的信眾。據《增壹阿含經》卷二十四稱，施主惠施有五功德，即：㈠名聞四遠，眾人歎譽。㈡若至眾中，不懷慚愧，亦無所畏。㈢受眾人敬仰，見者歡悅。㈣命終之後，或生天上，為天所敬；或生人中，為人尊貴。㈤智慧遠出眾人之上，現身漏盡，不經後世。這裡所謂的「大施主」則專指在世間示現作佛，給予一切眾生究竟圓滿的「財」、「法」、「無畏」三種布施，並最終能普度眾生出離苦海，聞名得度，往生淨土的阿彌陀佛。

❸ 諸群品：「品」是品類。「諸群品」指上自等覺菩薩，下至地獄畜牲的一切眾生。

❹三垢冥：「三垢」就是貪、瞋、癡三毒。「冥」即無明，沒有真實智慧，不明宇宙人生真相，為一切煩惱痛苦的根源。

❺三界雄：對佛的另一種尊稱，以佛為三界中的大雄，可折伏一切魔障。

❻師子吼：又作「獅子吼」。即指如來說法能滅一切戲論、破各種異見，猶如獅子王咆吼，百獸悉皆懾伏。獅子為百獸之王，佛亦為人中至尊，稱為「人中獅子」，故用此譬喻。又譬喻當佛說法時，菩薩起勇猛心求菩提，因而外道、惡魔生怖畏；猶如獅子吼時，小獅子亦增威，百獸怖伏。還譬喻佛在大眾中演說佛法，心中毫無怖畏，好像獅子咆吼。

❼雨（ㄩˋ）：由空中如雨降下。華：即花。

❽六種震動：指大地震動的六種相狀，又作「六變震動」、「六反震動」，略稱「六震」、「六動」。《大品般若經》卷一依地動的方向，舉出東湧西沒、西湧東沒、南湧北沒、北湧南沒、邊湧中沒、中湧邊沒等六相。《華嚴經》卷十六、《廣博嚴淨不退轉輪經》卷一等則舉出動、起、湧、震、吼、擊（搖）等六相。《長阿含經》卷二又有：「一佛入胎時，二出胎時，三成道時，四轉法輪時，五由天魔勸請將捨性命時，六入涅槃時」，大地震動之說，後被稱為「六緣地動」，以配合「八相成道」說，即佛陀在入胎、出胎、出家、成道、轉法輪、入滅之時，大地震動。總之，這裡所提及的種種震動，皆非地震一類的災難，而屬於預示吉祥的祥瑞，故震動不僅不會帶來驚恐，反而會使人愉悅安樂。

積功累德第八

任何美好的願望都必須落實到實現願望的行動，本品即是針對此前幾品法藏所發誓願，而進一步言其如何落實到行動的問題，這就是所謂的「積功累德」。法藏比丘發願之後，便安住於真實智慧之中，勇猛無畏，精進修持，心志專一地莊嚴自己的淨妙國土，這是「積功累德」的總綱。

具體而言，他心中不生貪、瞋、癡三毒，不執著色、聲、香、味、觸、法等六塵，一心所樂只是憶念過去諸佛所修的功德善根。他深入無上寂靜以入無餘涅槃的妙行，遠離一切惡事之根本的虛妄。他不計較各種修行中的艱苦，清心寡欲，安樂自足，一心專求善法，普遍平等地利樂眾生。他對於一切有情眾生，常以慈悲、安忍為懷，善於護持身、口、意三業，不斷地以布施、持戒、忍辱、精進、禪定、智慧六度教導度化眾生等等。正是因為以上種種積功累德的因緣，所以能使無量無數眾生，都發阿耨多羅三藐三菩提心，獲得真實之利。

「阿難，法藏比丘於世自在王如來前，及諸天人大眾之中，發斯弘誓願已，住真實慧❶，勇猛精進，一向專志莊嚴妙土。所修佛國，開廓廣大，超勝獨妙，建立常然❷，無衰無變。

【譯文】

「阿難，法藏比丘在世間自在王如來前，以及在諸天神人一切眾生之中，發下以上宏大深廣的誓願後，安住於真實智慧之中，勇猛無所畏懼，精進修持，心志專一地莊嚴自己的淨妙國土。其所修行成就的佛國淨土，開通無礙，廣大無邊，殊勝超眾，微妙無比，一經建立，永劫常然，不會衰減也不會變化。

【注釋】

❶ 真實慧：與真如實相相應、超情離妄、顯現本真的智慧。

❷ 建立常然：一經建立，便永遠不會衰退改變，自然永恆。

「於無量劫，積植德行，不起貪瞋癡欲諸想，不著色聲香味觸法，但樂憶念過去諸佛所修善根❶。行寂靜行❷，遠離虛妄。依真諦門❸，植眾德本，不計眾苦，少欲知足，專求白法❹，惠利群生。志願無倦，忍力成就❺。

【譯文】

「在無數大劫的時間內，法藏比丘積累培植種種具足功德之行，心中不生貪、瞋、癡三毒等種種欲念，不執著色、聲、香、味、觸、法等六塵，一心所樂只是憶念過去諸佛所修的功德善根。他深入無上寂靜以入無餘涅槃的妙行，遠離一切惡事之根本的虛妄。以第一義諦的法門，勤修萬德的根本。在積功修行中，他不計較執著各種修行中的艱苦，清心寡欲，安樂自足，一心專求清白善法，普遍平等地利樂眾生。對其所發圓滿宏深的諸大誓願，沒有絲毫厭倦，以堅忍之力去促進其修行圓滿。

【注釋】

❶憶念過去諸佛：憶，憶持不忘之義；念，明記不忘之義。深刻於心內，記憶而不忘失，稱為「憶念」。一般係指念念不忘佛陀或諸佛之功德而言，憶念佛德，以求報答；憶念佛之所行，並依佛而行；憶念佛之所證，並依佛之所證。

❷寂靜行：是自行化他，為人演說，心裡不起妄想分別，外不著六塵境界，內不起心動念的心行。它是如來所行的究竟清淨的滅度法，也是諸大菩薩趨入無餘涅槃的妙行。

❸真諦：「二諦」之一，又名「勝義諦」、「第一義諦」，即聖智所見的真實理性。離諸虛妄，故云「真」，其理永恆不變，故云「諦」。真諦與俗諦相對，順凡俗迷情之法，稱「俗諦」，或「世諦」。

❹白法：即善法。古印度人用黑白代表善惡。《大乘義章》云：「善法鮮淨，名之為白。」

❺忍力：是指「六度」中忍辱度的力用。法住認為忍有三種：㈠安苦忍，對於世間違緣的事，能忍，能受。㈡他不饒益忍，對於別人違害損傷自己，也能忍受。㈢法思維忍，對於一切法遠離分別，安住自在。三種都能成就，稱為「忍力成就」。

「於諸有情，常懷慈忍，和顏愛語，勸諭策進。恭敬三寶❶，奉事師長，無有虛偽諂曲之心❷。莊嚴眾行❸，軌範具足❹。觀法如化❺。三昧常寂。善護口業，不譏他過；善護身業，不失律儀；善護意業，清淨無染。

【譯文】

「法藏比丘對於一切有情眾生，常以慈悲、安忍為懷，和顏悅色，勸導鞭策，以使上進。恭敬佛、法、僧三寶，敬養服侍教師長輩，完全沒有虛情假意、陽奉陰違、阿諛諂曲之心。用福德與智慧來莊嚴自己的六度萬行，言傳身教，皆成軌則範導。所觀所照，一切諸法，皆同幻化，無可執著，絕除名相，沒有煩惱，不生不滅，住於常寂甚深三昧。善於護持口業，從不譏諷譴責他人之過失；善於護持身業，從不違背冒犯戒律儀軌；善於護持意業，從不妄起分別執著之心，內心清淨而無垢染。

【注釋】

❶三寶：指為佛教徒所尊敬供養的佛寶、法寶、僧寶，又作「三尊」。佛指覺悟人生之真象，而能教導他人的一切諸佛；法為根據佛陀所悟而向人宣說的教法；僧指修學教法的佛弟子眾。以上三者，威德至高無上，永不變移，如世間之寶，故稱「三寶」。

❷諂曲：「諂」是討好巴結，「曲」是歪曲事實。

❸眾行：指六度萬行等一切行止。

❹軌範：軌則、範導。

❺觀法如化：用般若智慧觀照世間一切萬物，皆無自性，猶如夢幻泡影，幻化不真。

「所有國城、聚落、眷屬、珍寶，都無所著，恆以布施、持戒、忍辱、精進、禪定、智慧，六度之行，教化安立眾生，住於無上真正之道。

【譯文】

「法藏比丘對於所有世間國家城池、聚落村寨、家親眷屬、金銀珠寶都無所貪戀執著，時時不斷地以布施、持戒、忍辱、精進、禪定、智慧六度教導度化眾生，轉惡為善，安住正道，建立大心，安住在無上真正之道，安住於涅槃道果。

「由成如是諸善根故，所生之處，無量寶藏，自然發應。或為長者居士，豪姓尊貴，或為剎利國王❶，轉輪聖帝❷，或為六欲天主❸，乃至梵王❹。於諸佛所，尊重供養，未曾間斷。如是功德，說不能盡。身口常出無量妙音，猶如栴檀、優鉢羅華❺，其香普薰無量世界。隨所生處，色相端嚴，三十二相，八十種好，悉皆具足。手中常出無盡之寶，莊嚴之具，一切所須，最上之物，利樂有情。由是因緣，能令無量眾生皆發阿耨多羅三藐三菩提心。」

【譯文】

「由於成就了如上所述的功德善根，法藏比丘轉世投生之地，就會有無數的寶藏感通化現，自然開發。他或轉世為年高財富的長者，或轉世為守道自恬的在家居士，或轉世為名門望族高官顯貴，或轉世為剎帝利種姓王侯之家，或轉世為四洲之主的轉輪聖帝，或轉世為欲界六天的六天之王，乃至轉世為色界諸天的大梵天王。每生每世，均到諸佛住所，尊重禮敬，誠心供養，永不間斷。他所作的功德，無量無邊，難以言盡。法藏比丘身體和口中時時發出無量奇妙的異香，其香如同栴檀（杜香）和優鉢羅花（青、紅蓮花），其香遍薰於無量無邊諸世界。法藏比丘無論轉生於何處，都色相端正而威嚴，圓滿具足三十二種大人相、八十種隨形好。他手中隨時能出無盡無量的寶物，用以莊嚴、供養諸佛的一切器具、一切世間稀有的無上妙寶，概莫能外地普作饒益，利樂有情。由於以上種種積功累德的因緣，能使無量無盡的有情眾生，都能生發求取無上正等正覺的求道之心。」

【注釋】

❶ 剎利：印度四種姓之一，為「剎帝利」的略稱，意譯「土田主」。即國王、大臣等統御民眾、從事兵役的種姓，所以也稱「王種」。其權勢頗大，階級僅次於婆羅門，屬於世俗統治者階層。釋迦牟尼即出身此一種姓。

❷ 轉輪聖帝：音譯為「遮迦羅跋帝」、「遮加越」，意譯為「轉輪王」、「轉輪聖王」、「輪王」、「飛行轉輪帝」、「飛行皇帝」。即旋轉輪寶之王，是佛教政治理想中之統治者。傳說轉輪王擁有輪、象、馬、珠、女、居士、主兵臣等七寶，具足長壽、無疾病、容貌出色、寶藏豐富等四德，統一須彌四洲，以正法御世，其國土豐饒，人民和樂。

❸六欲天主：即欲界六天之主。欲界六天分別是：四王天、忉利天、夜摩天、兜率天、化樂天以及他化自在天。欲界六天的共同特質是仍有欲樂。其中，四王天在須彌山的山腰，忉利天在須彌山頂，因兩者皆依山而住，故名「地居天」，其餘諸天則住於虛空密雲之上，稱「空居天」。

❹梵王：即大梵天王，為色界初禪天之王，這裡代指色界十八天之王。

❺栴檀：一種印度名貴香木，因有治病療疾之效，又譯為「與樂」。優鉢羅華：花名。又作「烏鉢羅」、「漚鉢羅」、「優鉢剌」，意譯「青蓮花」、「黛花」、「紅蓮花」。

圓滿成就第九

本經從第四品至第八品，都在介紹法藏比丘於因地所發大願以及為此誓願得以實現而進行的積功累德的功行。從本品開始，則是對其果德圓滿成就的闡說。本品首先通過釋迦牟尼佛之口讚頌了法藏因圓果滿，接著又對阿彌陀佛及其佛國淨土的基本屬性做了簡要介紹，認為阿彌陀佛絕非俗常所謂過去佛、現在佛、未來佛之類的概念所能概括，其佛國淨土稱為「極樂世界」，位於西方距離我們居住的南瞻部洲百千十萬億之多的佛國之外。

佛告阿難：「法藏比丘，修菩薩行，積功累德，無量無邊。於一切法，而得自在，非是語言分別之所能知。所發誓願，圓滿成就。如實安住，具足莊嚴，清淨佛土。」

【譯文】

釋迦牟尼佛對阿難說：「法藏比丘，修菩薩所修六度萬行，所積累的種種功德，無量無邊。他對於世間出世間的一切所有種種的法，都通達自在，沒有障礙，這種自在無礙的境界絕非常人言語邏輯所能表達、曉知。他所發下的宏深誓願，全部圓滿成就。他所建佛國淨土，殊勝妙樂，安住於諸法實相，果真是具足了一切莊嚴、威德、廣大無際的清淨佛土。」

阿難聞佛所說，白世尊言：「法藏菩薩成菩提者，為是過去佛耶？未來佛耶？為今現在他方世界耶？」

【譯文】

阿難聽到釋迦牟尼佛的這番話後，又向他稟白道：「法藏修菩薩道成就了大覺佛果，那他是過去佛？將來佛？還是現今示現在他方世界的佛呢？」

世尊告言：「彼佛如來❶，來無所來，去無所去，無生無滅，非過現未來。但以酬願度生❷，現在西方，去閻浮提百千俱胝那由他佛刹❸，有世界名曰極樂。法藏成佛，號阿彌陀。成佛以來，於今十劫，今現在說法，有無量無數菩薩聲聞之眾，恭敬圍繞。」

【譯文】

世尊告訴他說：「這尊佛，法身遍一切處，來無所從來，去無所從去，無所謂生也無所謂滅，絕非俗常所謂過去、現在、未來之類的概念所能概括。只是為了實現他所許下的普度眾生的誓願，如今示現於西方，在距離我們居住的南瞻部洲百千十萬億之多的佛國之外，有他的佛國淨土稱為『極樂世界』。法藏比丘覺悟成佛，名為『阿彌陀佛』。他成佛至今，已歷時十劫，現在他正在西方極樂世界講經說法，那裡有無量無盡的菩薩和聲聞弟子，恭敬地圍繞在他的座下，聽他說法。」

【注釋】

❶彼佛如來：即指阿彌陀佛。

❷酬願：實現他過去所發的四十八大誓願。

❸閻浮提：即南瞻部洲，指我們所住的娑婆世界。「閻浮」是樹名，譯為贍部，因為此洲的中心，有閻浮樹的森林，因此稱為贍部洲。贍部洲位於須彌山以南，故又稱「南贍部洲」。古代印度認為，須彌山為世界中心，四周環海，海中有四大部洲，即在須彌山東邊的叫「東勝身洲」（亦作「東勝神洲」），南邊的叫「南贍部洲」，西邊的叫「西牛貨洲」（亦作「西牛賀洲」），北邊的叫「北俱盧洲」。

皆願作佛第十

本品僅見於東漢、東吳兩種古譯本。主要有兩個方面值得注意，首先，阿闍王子與五百個長者聽佛說法後，便都引發了空前喜悅的歡喜心，並發成佛如佛的願心，顯示了本經對於修習佛道之人的重要性。另外，佛說阿闍王子與五百大長者等人，因為已於無量劫中行菩薩道，過去生中即佛弟子，故將來決定成佛，這就再次說明了一切諸法不離因緣，欲得佛果，必須廣植善根。修佛之人，務必時時積功累德，「無數劫來」，亦當堅信不移。

佛說阿彌陀佛為菩薩求得是願時，阿闍王子與五百大長者聞之❶，皆大歡喜，各持一金華蓋❷，俱到佛前作禮，以華蓋上佛已，卻坐一面聽經。心中願言：「令我等作佛時，皆如阿彌陀佛。」佛即知之，告諸比丘：「是王子等，後當作佛。彼於前世住菩薩道，無數劫來，供養四百億佛。迦葉佛時❸，彼等為我弟子，今供養我，復相值也❹。」時諸比丘聞佛言者，莫不代之歡喜。

【譯文】

在釋迦牟尼佛說阿彌陀佛從菩薩因地，成就了所發的成佛誓願時，阿闍王子與五百個長者聽佛說法後，便都引發了空前喜悅的歡喜心，他們每人各持一把金華蓋，一齊來到釋迦牟尼佛前頂禮致敬，將華蓋奉獻給佛後，退下坐在一側聽佛演說經法。同時心生大願：「如果有一天我們也成了佛時，我們也要像阿彌陀佛一樣。」釋迦牟尼佛立即知曉了他們的心願，於是告訴眾比丘說：「阿闍王子五百人等，以後一定都能成佛。他們在前世都修行菩薩道，經歷無量無盡時劫，供養過四百億佛，廣積功德。在迦葉佛住世之時，他們曾是我的弟子，今天又來供養我，我們又同聚一堂，這是一個殊勝無比的因緣。」當時參加法會的比丘大眾，聽釋迦牟尼佛所說，都為阿闍王子等五百比丘感到欣慰歡喜。

【注釋】

❶阿闍王子：佛陀在世時中印度摩揭陀國國王之子。

❷華蓋：以花裝飾而成的傘蓋。又佛教建築中，如經幢、石塔之頂上，有雕刻精細如傘狀之蓋，亦

稱「華蓋」，又稱「寶蓋」。

❸ 迦葉佛：又作「迦葉波佛」、「迦攝波佛」、「迦攝佛」，意譯「飲光佛」。為過去七佛中的第六佛，現在賢劫千佛中的第三佛。出世於釋迦牟尼佛之前，相傳為釋迦牟尼佛的因地本師，曾為釋迦牟尼授記，預言將來必定成佛。依《長阿含經》卷一《大本經》載，迦葉佛出世於賢劫中，其時人壽兩萬歲。姓迦葉，於尼拘律樹下成佛，有弟子兩萬人，而以提舍與婆羅婆二人為高足，執事弟子名善友。

❹ 復相值：重逢，再次相遇。

國界嚴淨第十一

從本品開始，主要介紹西方極樂世界的依報莊嚴，即與阿彌陀佛圓滿正報相應的極樂淨土的種種殊勝美妙的外在環境。本品是泛說國土的莊嚴清淨，超過了十方一切佛國淨土世界。也就是「四十八大願」中第一願「國無惡道」、第三十九願「莊嚴無盡」的體現。另外對於眾生業因果報的不可思議、眾佛聖力以及其所成就的十方諸佛世界的不可思議，進行了反覆宣說。

佛語阿難：「彼極樂界，無量功德，具足莊嚴。永無眾苦、諸難、惡趣、魔惱之名❶；亦無四時、寒暑、雨冥之異❷，復無大小江海，丘陵坑坎，荊棘沙礫，鐵圍、須彌、土石等山❸，唯以自然七寶、黃金為地❹，寬廣平正，不可限極。微妙奇麗，清淨莊嚴，超踰十方一切世界。」

【譯文】

釋迦牟尼佛對阿難說：「阿彌陀佛的極樂世界，具足無量功德莊嚴，一切美好，無所欠缺。那裡永遠沒有種種三苦、八難、惡趣、魔煩等等的名稱概念；國中沒有春夏秋冬、酷熱嚴寒、綿綿陰雨等等的氣候變化，也沒有大小江河海洋，丘陵坑坎，荊棘沙礫，以及鐵圍山、須彌山和土石山等等的地理差異，只有以自然生成的七種寶物和黃金為地，大地平坦整齊，寬廣無垠，其微妙奇麗，清淨莊嚴，超過了十方一切佛國淨土世界。」

【注釋】

❶眾苦：指一切有情眾生所遭受的種種苦惱，如佛教經常說的「八苦」。所謂「八苦」是指：一、生苦，即出生時所承受的痛苦；二、老苦，即年老體衰所承受的痛苦；三、病苦，即為種種病痛折磨所遭受的痛苦；四、死苦，即氣絕命終時所遭受的痛苦；五、愛別離苦，即與所愛之人或物無奈分離所承受的痛苦；六、怨憎會苦，即與怨仇憎惡之人見面的痛苦；七、求不得苦，即所求不遂的痛苦；八、五陰熾盛苦，即色受想行識等五陰的作用熾盛，生老病死等眾苦聚集，蓋覆真性，死此生彼，無休無止而所承受的痛苦。諸難：指不得遇佛、無法聽聞佛法的種種障難。如

「八難」，即地獄難、畜生難、餓鬼難、長壽天難、北鬱單難、盲聾喑啞難、世智辯聰難、佛前佛後難。其中，地獄、畜生、餓鬼三途業障深重，不得會佛，眾苦逼惱，不能修梵行，故稱之為難。長壽天即色界第四禪中的無想天，外道修行多生其處，不求佛法，故稱之為難。北鬱單（即北俱盧洲）樂報殊勝，無諸苦事，貪著享樂而不受教化，是以聖人不出其中，故稱之為難。盲聾喑啞諸根不具，縱生在有佛法之國亦不能睹聖聞法，故稱之為難。世智辯聰者雖生在有佛法之國，卻深陷邪見，仗著小聰明，不肯虛心修行，甚至還會誹謗佛法，故稱之為難。佛前佛後者，生在佛出世前或是佛涅槃後，都見不到佛和聽不到佛法，故稱之為難。

❷ 雨冥：雨指雨天，冥指陰天。

❸ 鐵圍：即鐵圍山，又作「鐵輪圍山」、「金剛圍山」、「金剛山」。指圍繞須彌四洲外海，由鐵所成之山。佛教的世界觀以須彌山為中心，周圍共有八山八海圍繞，最外側之山即稱「鐵圍山」。須彌：即須彌山。

❹ 七寶：諸經所說的略有不同。《般若經》所說的七寶是金、銀、琉璃、珊瑚、琥珀、硨磲、瑪瑙。《法華經》所說的七寶是金、銀、琉璃、硨磲、瑪瑙、真珠、玫瑰。《阿彌陀經》所說的七寶是金、銀、琉璃、玻璃、硨磲、赤珠、瑪瑙。又，佛教中經常以數字「七」代表圓滿，「七寶」也可以泛指無量珍寶。

阿難聞已，白世尊言：「若彼國土無須彌山，其四天王天及忉利天❶，依何而住？」

【譯文】

阿難聽說後，又向釋迦牟尼佛請教：「如果極樂世界沒有須彌山，那這佛國淨土中的四天王天以及忉利天又依憑什麼而居處呢？」

【注釋】

❶四天王天：指欲界六天中的第一重天，位於須彌山的山腰。忉利天：音譯「多羅夜登陵舍」，是欲界六天的第二重天，位於須彌山頂；山頂四方各八天城，加上中央帝釋天所居住的善見城（喜見城），共有三十三處，故又稱「三十三天」。四天王天與忉利天都在須彌山上，所以兩天又稱「地居天」。

佛告阿難：「夜摩兜率❶，乃至色、無色界，一切諸天，依何而住？」

【譯文】

釋迦牟尼佛反問阿難道：「我們這個世界，夜摩天、兜率天，乃至色界天、無色界裡的一切諸天，他們又依憑什麼而居處呢？」

【注釋】

❶夜摩兜率：即夜摩天和兜率天，分別為欲界六天中的第三、第四重天，因夜摩天和兜率天及其以上諸天，都位於須彌山之上的虛空密雲之中，所以都稱為「空居天」。

阿難白言：「不可思議業力所致。」

【譯文】

阿難回答說：「因有不可思議的業力，致使諸天眾神住於虛空。」

佛語阿難：「不思議業，汝可知耶？汝身果報，不可思議，眾生業報，亦不可思議。眾生善根，不可思議，諸佛聖力，諸佛世界，亦不可思議。其國眾生，功德善力，住行業地❶，及佛神力，故能爾耳。」

【譯文】釋迦牟尼佛對阿難說：「你可知道不可思議的業力嗎？你自身因過去所行善惡而造的果報不可思議，眾生的業報同樣也不可思議。眾生因行善而得的果報不可思議，眾佛的聖力以及其所成就的十方諸佛世界，同樣也不可思議。由於極樂世界中的眾生有種種功德善力，又住於阿彌陀佛大願、大行、大業成就之地，加上阿彌陀佛的無上本願威神之力，所以不必依憑須彌等山也能自然安住。」

【注釋】

❶行業地：指阿彌陀佛大願、大行、大業圓滿成就的地方。

阿難白言：「業因果報，不可思議，我於此法，實無所惑。但為將來眾生，破除疑網，故發斯問。」

【譯文】

阿難說道：「對於眾生不可思議的業因果報，我其實並沒有什麼疑惑。但為了能讓將來的眾生破除迷網惑縛，所以才向您提出這一問題，請您開示。」

光明遍照第十二

上品「國界嚴淨」品，主要宣演極樂世界的依報莊嚴，本品與下一品，則主要闡說阿彌陀佛的正報莊嚴。本品盛讚阿彌陀佛的光明，是法藏比丘第十三、十四大願所應之果的展開。本品首先稱頌阿彌陀佛光明的殊勝，為十方諸佛所不能及；其次說明其所以光明殊勝第一的原因，乃在於前世求道時所行願的功德殊勝第一；然後又一一列舉了阿彌陀佛的十二光佛的具體名稱，以進一步凸顯其光明的無量殊勝；最後講述了阿彌陀佛之光明的殊勝妙用，即眾生如能觸見此光，無不「垢滅善生」、「命終皆得解脫」，最終得以往生極樂世界。

佛告阿難：「阿彌陀佛威神光明，最尊第一，十方諸佛，所不能及。遍照東方恆沙佛剎，南西北方，四維上下❶，亦復如是。若化頂上圓光，或一二三四由旬，或百千萬億由旬。諸佛光明，或照一二佛剎，或照百千佛剎，唯阿彌陀佛，光明普照無量無邊無數佛剎。諸佛光明所照遠近，本其前世求道，所願功德大小不同。至作佛時，各自得之，自在所作，不為預計。阿彌陀佛，光明善好，勝於日月之明，千億萬倍。光中極尊，佛中之王。

【譯文】

釋迦牟尼佛告訴阿難說：「阿彌陀佛威嚴神奇的光明至尊第一，十方世界的眾佛沒有一個能與其比肩。他的光明遍照東方如恆河中所有沙子一樣多的佛國，同樣也照遍南方、西方、北方、上方、下方如恆河中的所有沙子一樣多的佛國。若論佛頂上化現的圓光，可能只是幾由旬距離，也可以達到百千萬億由旬之遠。至於十方世界諸佛的光明，近的只能照一二佛剎，遠的則能照及百千佛剎，但唯獨阿彌陀佛，其光明普照於無量無邊的佛剎。諸佛光明所能照的距離遠近，本是其前世求道時所行願的功德大小不同所致。到了他們成佛之時，各自便以自己前世行願功德的大小而得到相應的光明，這是自然成就的，不以其意志為轉移。阿彌陀佛的光明賢善美好，勝過世間日月之光明千億萬倍。在所有的光明中，阿彌陀佛的光明是最為尊貴宏大的，這也是諸佛光明中的第一。

【注釋】

❶四維：指東南、西南、東北、西北。

「是故無量壽佛，亦號無量光佛、亦號無邊光佛、無礙光佛、無等光佛，亦號智慧光、常照光、清淨光、歡喜光、解脫光、安穩光、超日月光、不思議光❶。

【譯文】

「因此，無量壽佛也稱為無量光佛、無邊光佛、無礙光佛、無等光佛，亦號為智慧光、常照光、清淨光、歡喜光、解脫光、安穩光、超日月光、不思議光。

【注釋】

❶從「亦號無量光佛」開始到本段結尾：是盛讚阿彌陀佛殊勝光明的十二種名稱，也是阿彌陀佛因光明殊勝而得十二種稱號，統稱「十二光佛」。具體而言，無量光是指佛的智慧光明不可限量。無邊光是指佛光普照，無邊無際。無礙光是指佛的光明普照，沒有障礙。無等光是指佛的光明無與倫比。智慧光是指佛的光明能破除一切眾生的無明煩惱。常照光是指佛的光明在一切時一切處，沒有間斷地普照一切眾生。清淨光是指佛光能令眾生斷除貪瞋癡三毒煩惱，得到身心清淨。歡喜光是指佛光普施一切眾生，能使眾生法喜充滿。解脫光是指佛的光明能使眾生解脫生死苦海，往生極樂淨土。安穩光是指佛光能令眾生在三界裡得到真正的安樂。超日月光是指佛的光明遠超世間一切光明，無比殊勝。不思議光是指佛的光明善好不可思議。

「如是光明，普照十方一切世界。其有眾生，遇斯光者，垢滅善生，身意柔軟❶。若在三途極苦之處❷，見此光明，皆得休息，命終皆得解脫。若有眾生，聞其光明、威神、功德，日夜稱說❸，至心不斷，隨意所願，得生其國。」

【譯文】

「如上所述的這種種光明，普照十方一切世界。有緣得遇阿彌陀佛佛光的一切眾生，貪、瞋、癡三種毒垢便得以斷滅，相應的善根得以增長，身、口、意三業得以柔順易化。若有眾生處在地獄道火途、畜生道血途、餓鬼道刀途這樣的最極苦境地，只要見到阿彌陀佛的光明，也都能苦難消滅，並在命終之後能得解脫。若有眾生，能聞知阿彌陀佛的光明、威神、功德，又能以至誠之心，日夜稱名誦念，念念不絕，就可以隨其心意所願，得以往生極樂世界。」

【注釋】

❶身意柔軟：指身、心不再桀驁不馴，而是日趨溫和，從而隨順於佛的教導。

❷三途：亦作「三塗」。指火途、血途和刀途。火途代表地獄道，血途代表畜生道，刀途代表餓鬼道，故「三途」也即「三惡道」。

❸稱說：這裡特指稱念佛名，即稱念「南無阿彌陀佛」。

壽眾無量第十三

本品承接上一品，繼續表顯阿彌陀佛的正報莊嚴。光明遍照，是身遍十方；壽眾無量，是豎窮三際。本品可細分為三無量：一是佛壽無量，二是會眾無量，三是會眾壽命無量。這是依法藏比丘「四十八大誓願」中第十五「壽命無量願」、十六「聲聞無數願」而成就的。佛有三身，即法身、報身、應身。法身以真如理體為身，三際一如，故其壽命自然無始無終；而由於阿彌陀佛願力獨勝，超越諸佛，所以即使其由因緣感應而得的化身，壽命亦皆無量。而由於其願力的宏深，欲度普天之下一切眾生，故其法會會眾亦當無量，同時因其殊勝願力，所度眾生壽數亦無量。

佛語阿難：「無量壽佛，壽命長久，不可稱計。又有無數聲聞之眾，神智洞達❶，威力自在，能於掌中持一切世界。我弟子中大目犍連，神通第一，三千大千世界，所有一切星宿眾生❷，於一晝夜，悉知其數。假使十方眾生，悉成緣覺，一一緣覺，壽萬億歲，神通皆如大目犍連，盡其壽命，竭其智力，悉共推算，彼佛會中，聲聞之數，千萬分中不及一分。

【譯文】

釋迦牟尼佛告訴阿難：「無量壽佛的壽命無量無盡，難以說清也無法計算。他的極樂世界有無數聲聞大眾，他們皆具神通智慧，通達透徹事理；皆具神威之力，任用自在無礙，能夠用手握持一切世界。在我的弟子中，大目犍連號稱『神通第一』，能夠在一晝夜之間，全部說清三千大千世界所有一切星宿及其一切眾生的數目。假如讓十方世界的一切眾生，全都成為緣覺，每一位緣覺都有萬億歲的壽命，他們的神通都達到大目犍連的水平，然後盡他們的壽命，竭盡他們的神通智力，全都一起來共同推算極樂世界的聲聞人數，他們所能計算出來的數目，達不到實際數目的千萬分之一。

【注釋】

❶神智洞達：「神」即神通；「智」即智慧；「洞」指究竟通徹；「達」指通達無礙。「能於掌中持一切世界」喻極樂世界諸菩薩眾的自在無礙的威力不可思議。可與《維摩詰經》中所謂「菩薩以一佛土眾生置之右掌，飛到十方，遍示一切，而不動本處」相參。

❷星宿眾生：如天上星宿一般多的眾生，也有解作「一切星宿至上的眾生」，皆可通，喻指無數眾生。

「譬如大海，深廣無邊，設取一毛，析為百分，碎如微塵，以一毛塵，沾海一滴，此毛塵水，比海孰多？

【譯文】

「譬如大海，其深其闊無邊無際，再假如取一根毫毛，把它又分成一百份，碎成如微塵一般大小，以這樣的小毛塵，去大海中沾一點水，這毛塵沾到的一滴水與整個大海的水相比，哪個為多？哪個為少？

「阿難，彼目犍連等所知數者，如毛塵水；所未知者，如大海水。彼佛壽量，及諸菩薩、聲聞、天人，壽量亦爾，非以算計譬喻之所能知。」

【譯文】

「阿難，那些具有目犍連神通的無量數的緣覺，所共同推算出來的數目，就像這纖細毛塵上沾到的水一樣；而其未能推算出來的數目，就像那大海水。阿彌陀佛的壽命以及極樂世界上諸菩薩、聲聞、天人的壽命、數量也是這樣，不是用推算、比喻等方法所能夠搞清楚的。」

寶樹遍國第十四

本品及以下數品，再次宣說西方極樂世界的依報莊嚴，在阿彌陀佛的極樂淨土，有種種的寶樹。這些寶樹，或由一寶所成，或由多種寶物和合而成，都依其類別各自成行，行與行之間距離相等而不雜亂，花朵果實的位置也錯落有致。寶樹發出殊勝微妙的光彩，清風送爽，隨風奏樂，音調和雅。如此殊勝的諸多寶樹，遍布於極樂世界的一切地方。本品所述，依「四十八願」之第四十願——「無量色樹願」而成就。

「彼如來國，多諸寶樹。或純金樹、純白銀樹、琉璃樹、水晶樹、琥珀樹、美玉樹、瑪瑙樹，唯一寶成，不雜餘寶。或有二寶三寶，乃至七寶，轉共合成。根莖枝幹，此寶所成，華葉果實，他寶化作。或有寶樹，黃金為根，白銀為身，琉璃為枝，水晶為梢，琥珀為葉，美玉為華，瑪瑙為果。其餘諸樹，復有七寶，互為根幹枝葉華果。種種共成，各自異行，行行相值❶，莖莖相望，枝葉相向，華實相當。榮色光曜，不可勝視。清風時發，出五音聲❷，微妙宮商❸，自然相和。是諸寶樹，周遍其國。」

【譯文】

「在那西方極樂世界中，有許許多多各種各樣的寶樹。有的是純黃金樹、純白銀樹、純琉璃樹、純水晶樹、純琥珀樹、純美玉樹、純瑪瑙樹等，這些樹都質地純粹，皆由一寶所成，沒有摻雜其他的珍寶。也有的寶樹是用兩種寶物或三種寶物乃至用七種寶物和合而成。根莖枝幹是由某種珍寶構成，而花葉果實則又由其他珍寶合成。還有的一些寶樹，則是黃金為根莖，白銀為樹幹，琉璃為樹枝，水晶為樹梢，琥珀為樹葉，美玉為花朵，瑪瑙為果實。其餘的寶樹，又另有七寶，各為根、幹、枝、葉、花、果，組成種種不同形色的七寶樹。這些寶樹，還依其類別各自成行，行與行之間距離相等而不雜亂，樹幹與樹幹彼此對望，枝葉與枝葉遙遙相向，花朵果實的位置也錯落有致，彼此相當。繁茂的樹木發出殊勝微妙的光彩，耀眼奪目，使人目不暇接，美不勝收。清淨舒爽之風，應時而起，發出美妙動聽的五音之聲，無比微妙的音聲自然相和。如此殊勝的諸多寶樹，遍布於極樂世界的一切地方。」

【注釋】

❶相值：距離相等。

❷五音：指中國古代樂律的五個基本音階，即宮、商、角（ㄐㄩㄝˊ）、徵（ㄓˇ）、羽。再加上變宮和變徵，就是現代音樂的七音階。

❸宮商：即宮、商、角、徵、羽等五音的略稱。

菩提道場第十五

本品承接上品，專講阿彌陀佛極樂淨土眾多寶樹中的道場樹，仍屬「四十八願」中第四十願、第四十一願有關道場菩提樹的成就。本品首先描述了阿彌陀佛道場菩提樹的高大、莊嚴之不可思議，其次表顯由於阿彌陀佛大願的不可思議，所成就佛土的殊勝不可思議，而使其道場菩提寶樹亦具有能施之法益的不可思議功德。菩提寶樹能演奏出似乎在宣說殊勝佛法的無量妙音，其音可遠播遍及十方佛國淨土，引發悲心。眾生如能得以目睹菩提寶樹，耳聞寶樹所發妙音，嗅到寶樹散發的香味，嘗到了寶樹所結果實的味道，接觸到了寶樹所放的光明，憶念寶樹的種種功德，都能夠使其六根清淨無垢，遠離煩惱禍患，安住於不退轉之位，成就圓滿佛果，證得音響忍、柔順忍、無生法忍等三種法忍。

「又其道場，有菩提樹，高四百萬里，其本周圍五千由旬，枝葉四布二十萬里。一切眾寶，自然合成，華果敷榮❶，光輝遍照。復有紅綠青白，諸摩尼寶❷，眾寶之王，以為瓔珞❸，雲聚寶鏁❹，飾諸寶柱。金珠鈴鐸，周匝條間❺。珍妙寶網，羅覆其上，百千萬色，互相映飾，無量光炎，照耀無極。一切莊嚴，隨應而現。微風徐動，吹諸枝葉，演出無量妙法音聲。其聲流布，遍諸佛國，清暢哀亮，微妙和雅，十方世界音聲之中，最為第一。若有眾生，睹菩提樹，聞聲，嗅香，嘗其果味，觸其光影，念樹功德，皆得六根清徹，無諸惱患，住不退轉，至成佛道。復由見彼樹故，獲三種忍❻：一音響忍，二柔順忍，三者無生法忍。」

【譯文】

「另外，在極樂世界演說佛法的道場，生長有菩提聖樹，高達四百萬里，其樹身粗大，周長有五千由旬，枝葉向四方伸展，方圓二十萬里。此樹由一切寶物自然合成，花開繁茂，果實累累，所發光明，遍照四方。又由紅、綠、青、白色的眾寶之王——摩尼寶珠作為瓔珞，並用雲聚寶所做的鉤鎖串聯起來，裝飾在菩提樹幹之上。純金與寶珠合成的鈴鐺，密密麻麻地懸掛在枝條之間。珍稀奇妙的寶網，覆蓋在菩提聖樹之上，百千萬種光色交相輝映，自然發出無量的光芒，照耀之遠無量無邊。一切莊嚴之相，普應群機，變化不拘，隨意而現。微風徐徐拂來，吹動菩提寶樹上的千枝萬葉，演奏出無量妙音，似乎在宣說殊勝佛法。這無量妙音傳播出去，遍及十方佛國淨土，清淨通暢，引發悲心，音色明快響亮，安和雅正，微妙無比，在十方世界的一切音聲中，無與倫比。如果有眾生得以目睹菩提寶樹，耳聞寶樹所發妙音，嗅到寶樹散發的香味，嘗到了寶樹所結果實的味道，接觸到了寶樹所放的光明，憶念寶樹的種種功德，都能夠使其眼、耳、鼻、舌、身、意等六根清淨無垢，沒有了種種煩惱所導致的禍患，從而能夠安住於不退轉之位，成就圓滿佛果。又因為知見菩提寶樹的緣故，還能夠獲得初地至八地大菩薩所證得的三種法忍：一是音響忍，二是柔順忍，三是無生法忍。」

【注釋】

❶敷榮：「敷」即鋪設、展開，這裡指四處開放。「榮」即繁茂旺盛。

❷摩尼：又作「末尼」，意譯為「珠」、「寶珠」。為珠寶的總稱。佛教認為寶珠有消除災難、疾病以及澄清濁水、改變水色之神妙功效。

❸瓔珞：又作「纓珞」、「纓絡」。即由珠玉、花等物編綴而成的裝飾物，可掛在頭、頸、胸或手腳等部位，係印度富貴人家之佩戴物。

❹雲聚寶鏁：「雲聚寶」為一種印度珠寶的名稱。鏁，「鎖」的異體字，這裡指鎖鏈。由雲聚寶所製作的鏈鎖，稱「雲聚寶鎖」。

❺周匝：即周遍環繞。「匝」為古代計算環繞圈數的單位。

❻忍：即安忍，為「法忍」的略稱，安住信受佛法真理謂之「法忍」。下文的「音響忍」：隨順佛菩薩說法的音聲，而知諸法實相，安住於法。這裡指往生極樂世界之人聽聞七寶樹林所發的音聲，而悟解佛理。柔順忍：指慧心柔軟，心柔智順，於實相之理不相乖違而能隨順真理。無生法忍：簡稱「無生忍」，即以真實的智慧，安住在不生不滅的實相真理中。

佛告阿難：「如是佛剎，華果樹木，與諸眾生，而作佛事，此皆無量壽佛，威神力故，本願力故，滿足願故，明了、堅固、究竟願故。」

【譯文】

釋迦牟尼佛告訴阿難：「這西方極樂世界裡的花果樹木都是在作佛事，使眾生破迷開悟，這些都是無量壽阿彌陀佛的威神力、本願力所致，都是由於無量壽佛的宏大願心圓滿、明了、堅固、究竟的緣故。」

堂舍樓觀第十六

本品仍為西方極樂世界的依報莊嚴的內容，著重介紹西方極樂世界的講堂、住舍、樓觀，是阿彌陀佛與菩薩們的居處環境。無量壽佛說法的講堂、居住的精舍，以及一切樓觀欄楯，都是由七寶自然變化而成，諸菩薩眾所居住的宮殿也同佛一樣，平等莊嚴。同時也介紹了居處其中的菩薩們修習佛道的基本情況以及修行所證的果位，他們在西方極樂世界的講堂、住舍、樓觀中，各自講經、誦經，聽經、受經，行經、思道、坐禪，隨意自在，莫不歡喜。

「又無量壽佛講堂精舍❶，樓觀欄楯❷，亦皆七寶自然化成。復有白珠摩尼以為交絡，明妙無比。諸菩薩眾，所居宮殿，亦復如是。中有在地講經、誦經者，有在地受經、聽經者。有在地經行者❸，思道及坐禪者。有在虛空講誦受聽者，經行、思道及坐禪者。或得須陀洹❹，或得斯陀含❺，或得阿那含❻，阿羅漢❼。未得阿惟越致者，則得阿惟越致。各自念道，說道，行道，莫不歡喜。」

【譯文】

釋迦牟尼佛又對阿難說道：「無量壽佛說法的講堂、修法的精舍，以及所有樓臺館舍乃至其欄杆，也都是由七寶自然化成。又有白珠摩尼所編織成的瓔珞，交叉懸掛而成網絡，互相輝映，無比光明美妙。而諸菩薩所居住的宮殿，也同樣如此。在這些樓臺館舍之中，有的在地上行走中誦經，有的在禪習思定。也有的在虛空之中，講經、誦經，聽經、受經，經行、思道、坐禪。他們有的證得須陀洹果位，有的證得斯陀含果位，有的證得阿那含果位，有的證得阿羅漢果位。原來沒有得到阿惟越致果位的，也證得了阿惟越致不退轉果位。他們各自念道、說道、行道，無不歡喜非常。」

【注釋】

❶講堂：講經說法的場所。為佛寺七堂伽藍之一，一般建在正殿的後面，地位僅次於正殿。精舍：寺院的異稱，為精進修行者所居，所以稱為「精舍」。釋迦牟尼在世時，在各地建有許多精舍，其中以王舍城竹林精舍與舍衛國祇園（祇洹）精舍，較為有名。後人曾將佛陀所常駐錫說法的五處精舍，稱為「五精舍」，即：⑴舍衛城的給孤獨園（祇園精舍）；⑵王舍城的靈鷲山精舍；⑶

王舍城附近的竹林精舍；⑷毘舍離獼猴池的大林精舍；⑸庵羅樹精舍。

❷樓觀欄楯：「樓」即樓宇，「觀」即台榭，「欄楯」即欄杆，豎的叫欄，橫的叫楯。

❸經行：在一定的處所緩慢地往返步行，通常是在食後、疲倦時，或坐禪昏沉瞌睡時進行。據《大比丘三千威儀經》卷上所載，適於經行之地有五種，即空處、戶前、講堂之前、塔下、閣下。另據《四分律》卷五十九所說，時常經行能得五利，即：㈠能堪遠行，㈡能靜思惟，㈢少病，㈣消食，㈤於定中得以久住。關於經行的方法，據《十誦律》卷五十七所述，應直行，不急不緩；若不能直，當畫地為相，隨相直行。

❹須陀洹：舊譯為「入流」，新譯為「預流」，是聲聞乘四果中的初果名。就是從凡夫初入聖流，已斷三界一切錯誤的見解（「見惑」）的果位。

❺斯陀含：意譯為「一來」。這是斷欲界九品思惑中前六品的二果羅漢。修行證到此果位，還要來欲界再受生死一次，所以稱「一來果」。

❻阿那含：意譯為「不來」，即不再來欲界受生死，這一果位須斷盡三界見惑，及欲界九品思惑，方能證得。

❼阿羅漢：印度語，是小乘中最高的果位，也稱「四果」。阿羅漢有三種意思，即一、殺賊：即斷除三界一切見思煩惱；二、應供：應受一切人天的供養；三、無生：於一生中解脫生死，不會再來三界輪迴受生。

泉池功德第十七

本品還是介紹西方極樂世界外在環境的殊勝。上一品著重介紹阿彌陀佛與菩薩們的居處住所，本品則著重介紹這些居處住所的外在環境，特別是極樂世界的泉水池塘的非比尋常。首先介紹泉水池塘的形、量，它們環繞互通，其長寬深淺，各因等級不同而協調相稱。泉池之水，清澈湛淨，芬芳四溢；岸邊之樹，花果恆芳，光明璀璨；池中蓮花，色彩斑斕，繽紛耀眼。同時，如此殊勝美妙的泉池，不僅可以隨心所欲地變化深淺溫涼，自然一一圓滿淨土眾生的心意；更能揚波啟音，宣說種種妙法，使聞者都能聽到自己願聞的佛法。池揚妙法，顯示極樂世界無情說法的不思議功德。最後，本品還點出了阿彌陀佛淨土思想中的一個重要特點，即十方世界來此往生者，全都是在七寶池的蓮花裡自然化生而非胎生，所以都能遠離妄業惑報，具有清淨無礙、壽限無極的妙身、妙體，從此不再有三途惡道、煩惱、苦難這些感受乃至說法，有的只是自然快樂的聲音，因此才稱極樂世界。這是阿彌陀佛

「四十八大誓願」中第二十四「蓮華化生願」、第二十八「國無不善願」等功德所成就的。

「又其講堂左右，泉池交流，縱廣深淺，皆各一等❶。或十由旬，二十由旬，乃至百千由旬。湛然香潔，具八功德❷。岸邊無數栴檀香樹，吉祥果樹❸，華果恆芳，光明照耀，修條密葉，交覆於池，出種種香，世無能喻。隨風散馥❹，沿水流芬。

【譯文】

「在阿彌陀佛的講經殿堂左右兩邊，還有環繞互通的清泉池塘，這些泉池的長寬深淺，各因其等級不同而協調相稱。有的是十由旬，有的是二十由旬，有的更達百千由旬。池中之水清澈湛淨，芬芳四溢，皆具澄淨、清冷、甘美、輕軟、潤澤、安和、除飢渴、長養諸根等八種功德。岸邊有無數栴檀香樹和吉祥果樹，花果持久地散發出芬芳，放射出奪目光芒，修長的枝條和濃密的樹葉，交叉延伸，覆蓋在池水之上，散發出種種用世間語言難以描摹形容的奇香。這濃郁的妙香隨風散布，沿水流淌。

【注釋】

❶ 皆各一等：指極樂世界泉池的大小、長寬、深淺都隨人心意，協調相稱。

❷八功德：即八功德水，又稱「八味水」、「八支德水」或「八定水」。是指佛教淨土諸寶池中的水具有八種殊勝的功德：一澄淨、二清冷、三甘美、四輕軟、五潤澤、六安和、七除飢渴、八長養善根。另外，包圍須彌山的七內海中也充滿著八功德水，它具有：甘、冷、軟、輕、清淨、無臭、飲不傷喉、飲不傷腹等八特質。

❸吉祥果：原產於印度，狀似瓜蔞，黃赤色，據傳此果可以破除魔障，所以稱為「吉祥果」。中國以石榴為吉祥果。

❹馥：濃郁的香氣。

「又復池飾七寶，地布金沙，優鉢羅華、鉢曇羅華、拘牟頭華、芬陀利華❶，雜色光茂，彌覆水上。若彼眾生，過浴此水，欲至足者，欲至膝者，欲至腰腋，欲至頸者；或欲灌身，或欲冷者、溫者、急流者、緩流者，其水一一隨眾生意。開神悅體，淨若無形。寶沙映澈，無深不照。微瀾徐迴，轉相灌注，波揚無量微妙音聲。或聞佛法僧聲，波羅蜜聲、止息寂靜聲、無生無滅聲、十力無畏聲❷；或聞無性無作無我聲、大慈大悲喜捨聲、甘露灌頂受位聲❸。得聞如是種種聲已，其心清淨，無諸分別，正直平等，成熟善根。隨其所聞，與法相應。其願聞者，輒獨聞之；所不欲聞，了無所聞，永不退於阿耨多羅三藐三菩提心。

【譯文】

「又用七種寶物來裝飾這些水池，用金沙鋪地，優鉢羅青蓮花、鉢曇羅（摩）紅蓮花、拘牟頭黃蓮花、芬陀利白蓮花，異彩紛繁，繽紛耀眼，瀰漫覆蓋在池水之上。倘若極樂世界中的眾生，涉水經過或在池水中沐浴，想讓此水齊足深，這水就齊足深；想讓此水齊膝深，水就齊膝深；想要齊腰深、齊腋深、齊頸深，或者想讓水從頭上流下，或者想讓池水清涼，想讓池水溫熱，想讓池水急速流淌，想讓池水緩慢流淌，池水都能隨其所欲，如其所意。池水還具有令人心神爽朗，增長智力，令身體舒暢安樂的功效，其水清湛淨潔得如若無物。池底的黃金寶沙，無論水有多深都能明澈地映照出來。輕波徐緩安和，輾轉迴護，流波輕漾，發出無量微妙悅耳的聲音。似可聽聞水中有誦念著佛、法、僧三寶之聲，又似可聽聞水中有演說諸波羅蜜之聲、止觀禪定之聲、無生無滅之聲、十力無畏之聲，或者聽聞無性無作無我之聲、大慈大悲喜捨之聲、甘露灌頂受位之聲。種種微妙音聲，聽者無不心中清淨無垢，不生貪妄執著分別之心，正直平等，善根由此自然成熟。對於所聽聞到的妙法，都能同法相應，即時契會。想聽到什麼，就自行聽到什麼；不想聽到什麼，就什麼也聽不到，不受絲毫干擾，可謂從心所欲，求無上正等正覺之心，必能永不退轉。

【注釋】

❶優鉢羅華、鉢曇羅華、拘牟頭華、芬陀利華：各種顏色的蓮花。一般分別譯為：青色的蓮花、紅

色的蓮花、黃色的蓮花、白色的蓮花。

❷ 十力：指如來十力，只有如來方才具有的十種特殊智力，屬於佛「十八不共法」中的十種。又稱「十神力」。即指：一、知覺處非處智力，「處」意指道理，善因善果、惡因惡果之理稱為「是處」，反之稱為「非處」。即如來具有如實了知合理、不合理的一切道理的智力；二、知三世業報智力，即能知一切眾生三世因果業報的智力；三、知諸禪解脫三昧智力，即能知各種禪定及解脫三昧等次第深淺的智力；四、知諸根勝劣智力，即能知眾生根性的勝劣與得果大小的智力；五、知種種解智力，即能知一切眾生種種知解的智力；六、知種種界智力，即能普知眾生種種境界不同的智力；七、知一切至所道智力，即能知一切眾生行道因果的智力；八、知天眼無礙智力，即能以天眼見眾生生死及善惡業緣而無障礙的智力；九、知宿命無漏智力，即知眾生宿命及知無漏涅槃的智力；十、知永斷習氣智力，知一切煩惱惑業永斷不生的智力。無畏：又作「無所畏」，即無所怖畏恐懼之意。是指佛、菩薩說法時具有無所怖畏的自信，舒泰安穩。佛、菩薩的無畏有四種，稱「四無畏」、「四無所畏」。即：一切智無所畏、一切漏盡無畏、說障道無所畏、說盡苦道無所畏。

❸ 無性無作無我：「無性」之「性」指性體，意指一切諸法都沒有實體。「無作」即無為，就是遠離一切有為的造作。「無我」，「我」是自性、主宰的意思，「無我」是指一切諸法皆是因緣和合而生，皆無自性。大慈大悲喜捨：即慈、悲、喜、捨四無量心，又名「四等」、「四梵行」，

十二門禪中的四禪。⑴慈，與眾生同樂之心。⑵悲，拔眾生苦之心。⑶喜，見他人的離苦得樂，自心生起歡喜之心。⑷捨，如上三心，捨之而不執著之心，或怨親平等，不起愛憎之心。甘露灌頂受位：「甘露」原指天人的長生不死藥，佛教中比喻不生不滅的大法。「灌頂」參見頁21注⓭，即菩薩於十地中的第九地升入第十法雲地時，諸佛以智水灌其頂，以為受法王職的證明。菩薩接受了佛的灌頂傳位之法，就叫「灌頂受位」。

「十方世界諸往生者，皆於七寶池蓮華中，自然化生，悉受清虛之身，無極之體❶。不聞三途惡惱苦難之名，尚無假設❷，何況實苦？但有自然快樂之音，是故彼國名為極樂。」

【譯文】

「十方世界的一切往生極樂世界的眾生，全都在七寶池的蓮花裡自然化生，全部得清淨無礙的妙身，壽限無極的妙體。從此不再知道三途惡道、煩惱、苦難這些說法，極樂世界中連這些虛擬假設的概念名相都沒有，更何況實實在在的痛苦煩惱呢？這世界中有的只是自然快樂的聲音，因此這個佛國名叫極樂世界。」

【注釋】

❶清虛之身，無極之體：意即清淨無礙的妙身，壽限無極的妙體。「清虛」指非血肉之軀，故清淨無礙；「無極」指壽限無極，即所謂無量壽。

❷假設：指虛擬假設的概念名相。

超世希有第十八

本品指出，西方極樂世界依正二報，都遠超十方世界之上，稀有難得。當然，除「所處宮殿，衣服飲食，猶如他化自在天王」一段有關依報外，更主要的篇幅是有關正報的內容。特別是對極樂世界所有菩薩的容貌、形相、氣質，以譬喻、比較的方法，進行了善巧方便的說明。至於他們的神威功德、階次品位、神通變化，則更是十方世界一切天人所不能比，其間相差非千百萬億倍所能計量。

彼極樂國，所有眾生，容色微妙，超世希有，咸同一類，無差別相。但因順餘方俗❶，故有天人之名。

【譯文】

阿彌陀佛極樂世界中的所有眾生，容貌色相美妙至極，超越世間常態，稀有難得，形態相貌彼此相如，平等無二。只是為了順隨他方世界的習俗，方才借用天、人之類的名相以做區別。

【注釋】

❶ 餘方俗：極樂世界之外他方世界的習俗。

佛告阿難：「譬如世間貧苦乞人，在帝王邊，面貌形狀，寧可類乎？帝王若比轉輪聖王，則為鄙陋，猶彼乞人，在帝王邊也。轉輪聖王，威相第一，比之忉利天王，又復醜劣。假令帝釋❶，比第六天❷，雖百千倍，不相類也。第六天王，若比極樂國中，菩薩聲聞，光顏容色，雖萬億倍，不相及逮。

【譯文】

釋迦牟尼佛告訴阿難說：「比如世間貧苦的乞丐，立於帝王身邊，他們的容貌、形相、氣質，怎麼能同日而語呢？但若用帝王去比轉輪聖王，則帝王的容貌、形相、氣質自然又比轉輪聖王粗鄙醜陋許多，這就如同乞丐與帝王相比一樣。轉輪聖王具足三十二相，威德、色相堪稱第一，但與欲界第二天忉利天王相比，又難免顯得醜陋低下。假如再讓忉利天王去比欲界第六天他化自在天王，則其威德色相縱使提升千百倍，也無法與後者相匹。而第六天王若與極樂世界中的菩薩、聲聞相比，其容貌、形相、氣質則又差了萬億倍之遙，是比不上的。

【注釋】

❶ 帝釋：即忉利天天主。

❷ 第六天：即他化自在天，為欲界六天中的最上層之天。

「所處宮殿，衣服飲食，猶如他化自在天王。至於威德、階位、神通變化，一切天人，不可為比，百千萬億，不可計倍。阿難應知，無量壽佛極樂國土，如是功德莊嚴，不可思議。」

【譯文】

「這些菩薩、聲聞住的宮殿，穿的衣服，吃的食物，都和欲界第六天他化自在天王一樣，隨心所欲，應念現前。但論及他們的神威功德、階次品位、神通變化，則十方世界一切天人都不能夠與之相比，因為其間相差非千百萬億倍所能計量，而是不可計量的倍數。阿難，你應當知道，無量壽佛的極樂世界，具備如上所述的功德莊嚴，真實不可思議。」

受用具足第十九

本品開頭所列「形貌端嚴，福德無量，智慧明了，神通自在」，皆可視為西方極樂世界諸菩薩眾的種種受用，而如此種種殊勝受用，「一切豐足」，無不體現了阿彌陀佛極樂淨土依正二報的「超世希有」。但本品更著重於從「福德無量」的角度，從衣食住行等生活狀況的側面，介紹極樂淨土中的一切生活日用，都能隨其所願，「應念現前，無不具足」。特別是以飲食為例，說明「受用具足」的殊勝，甚至達到食而無食者，「以意為食」的境界，凸顯極樂世界的不可思議功德。

「復次極樂世界，所有眾生，或已生，或現生，或當生，皆得如是諸妙色身：形貌端嚴，福德無量，智慧明了，神通自在。受用種種，一切豐足。宮殿、服飾、香花、幡蓋，莊嚴之具，隨意所須，悉皆如念。

【譯文】

「另外，極樂世界的所有眾生，或是已經往生的，或是現在往生的，或是將來應當往生的，都能得到前面所說的妙好色身：形態面貌端正莊嚴，福德沒有限量，智慧明通透徹，神通自在無礙。各種所需器具，全都豐富充足。宮殿、服飾、香花、幡蓋以及一切用以莊嚴佛土的器具，都能隨其所念而隨即出現，需要無不立時滿足。

「若欲食時，七寶鉢器❶，自然在前；百味飲食，自然盈滿。雖有此食，實無食者，但見色聞香，以意為食，色力增長，而無便穢；身心柔軟，無所味著。事已化去，時至復現。

【譯文】

「想吃東西時，七寶合成的餐具自行來到面前；無量種類的美味佳餚，自然在碗中盛滿。雖然顯現這些食物，但實際上並沒有吃進食物，只是看看這些食物的色澤、聞聞這些食物的香味，以意念為食，便無不自然飽足，從而達到增長色身的力量而不會產生污穢便溺；食後身心柔軟，而又不會使人貪求執著於這些美味的效果。飽足之後，飲食、餐具全都自然消失，想飲食的時候，又立時而現。

【注釋】

❶缽器：佛教僧人飲食所用的餐具，為「比丘六物」之一。「比丘六物」是指為僧尼不可或缺的六種生活用具，並為佛制所允許私蓄。即：僧伽梨（九條乃至二十五條大衣）、鬱多羅僧（七條中衣）、安陀會（五條下衣）等一組，以及缽、尼師壇（坐臥之具）、漉水囊（保護水中蟲命之具）等六種。若略去後二者，一般稱為「三衣一缽」。如果加上裁縫用具類的針、筒，則為八物。最初佛教出家者的特徵是以「三衣一缽」為代表，故將「三衣一缽」視為神聖之物。至於六物、八物則是後來所增加的。僧尼生活中一切靠他人布施，主要是為了使出家人的欲望減少至最低限度，因此規定不可攜帶其他不必要的物品。

「復有眾寶妙衣，冠帶，瓔珞，無量光明，百千妙色，悉皆具足。自然在身。所居舍宅，稱其形色。寶網彌覆，懸諸寶鈴。奇妙珍異，周遍校飾，光色晃曜，盡極嚴麗。樓觀欄楯，堂宇房閣，廣狹方圓，或大或小，或在虛空，或在平地，清淨安隱❶，微妙快樂。應念現前，無不具足。」

【譯文】

「又有眾寶合成的珍妙衣服、帽子、衣帶、瓔珞，無不放出無盡無量的光明，顯現千百萬種的神妙色彩，具足莊嚴。這種神妙的衣裳服飾，也是隨其所欲，無需剪裁，自然顯現，穿著於身。極樂世界的一切眾生所居住的房舍宅院，不論形狀色彩，都協調匹配，稱人心願。宅舍之上，全都為各類珠寶連綴而成的網絡所覆蓋，其上懸掛無盡無量的珍寶鈴鐺。到處裝飾著各種各樣的奇珍異寶，光色交相輝映，晃動變化，明亮顯曜，美輪美奐，極盡莊嚴美麗。樓觀欄杆，堂宇房閣，或寬或窄，或方或圓，或大或小，或懸於虛空，或座於平地，無不清淨而又安穩，令人無比暢快安樂。所有這些，同樣也是隨其所欲，立時顯現，沒有一樣不是圓滿具足的。」

【注釋】

❶ 安隱：即安穩。

德風華雨第二十

本品彰顯西方極樂世界風、雨的功德，屬於對彌陀淨土依報莊嚴的進一步補充。經中介紹，極樂世界，每到正午時分，就會自然吹起除垢興善、具足眾德的清風。風吹聲起，又能發出演說苦、空、無常、無我等等各種覺悟成佛大法的音聲，流溢散布種種溫和雅正的妙香，德風觸體，使人自然安樂和諧，調心適意。極樂世界又有漫天花雨，同樣具足不可思議的種種功德。

「其佛國土，每於食時❶，自然德風徐起❷。吹諸羅網，及眾寶樹，出微妙音，演說苦、空、無常、無我諸波羅蜜，流布萬種溫雅德香。其有聞者，塵勞垢習，自然不起。風觸其身，安和調適，猶如比丘得滅盡定❸。

【譯文】

「阿彌陀佛的極樂世界，每到正午時分，就會自然徐徐吹拂除垢興善的德風。風吹拂在那由眾多寶物連綴合成的羅網以及寶樹之上，便發出清淨微妙的音聲，演說苦、空、無常、無我等等各種覺悟成佛的大法，流溢散布著種種溫和雅正而具足眾德的妙香。聞到了這種種妙香的人，都能滿心清淨，煩惱、習氣不得而生。風接觸到人的身體，便會如同比丘證得滅盡定一般，安樂和暢，調心適意。

【注釋】

❶食時：是為戒律所規定的進食時間，即早晨到正午之間為食時。以日中之時齋食，故稱「食時」；過午而食，則成「非時食」，違反了九十單墮的非時食戒。

❷德風：風有除垢滅惑之德，故稱之為「德風」。

❸滅盡定：又名「滅受想定」，或「滅定」，是心與心所皆滅盡之定，從而見思煩惱無不斷盡，為「九次第定」中的最後一定，也是阿羅漢方能證得的定功。

「復吹七寶林樹，飄華成聚。種種色光，遍滿佛土。隨色次第，而不雜亂。柔軟光潔，如兜羅綿❶，足履其上，沒深四指，隨足舉已，還復如初。過食時後，其華自沒，大地清淨。更雨新華。隨其時節❷，還復周遍。與前無異，如是六反。」

【譯文】

「風吹動七寶樹林，漫天妙花，紛揚飄落，積聚成堆。繽紛奪目，遍滿極樂佛土。各種色彩的花根據顏色的不同自然聚落，如錦如繪，色彩繽紛而不顯絲毫凌亂。而且柔軟光潔，如同細軟花絮，腳踏其上，沒腳深達四指，腳一抬起，又恢復原狀，不留絲毫痕跡。過了正午，這些奇香妙花自然消失，大地上清淨如初。新花又由天如雨而降。隨著時辰的變更，循環往復地在整個極樂淨土飄落、隱滅。像這樣的情形，一個晝夜要反覆六次。」

【注釋】

❶ 兜羅綿：意譯即「草木花絮」，這裡是形容七寶樹林飄花的纖細柔軟。

❷ 時節：古印度一晝夜分為六個時辰，即晨朝、日中、日沒、初夜、中夜與後夜。因此，本段經文最後說「如是六反」，即花雨旋降旋停，一個晝夜要隨時節變更而反覆六次。

寶蓮佛光第二十一

佛教以蓮花為聖物，佛教淨土宗更以蓮宗為別名，阿彌陀佛極樂世界又稱「蓮剎」、「蓮邦」，而念佛往生彌陀淨土的人，都在蓮花之中化生，因此蓮花好像母胎，所以叫「蓮胎」。凡此種種，皆顯示了蓮花與佛教特別是淨土宗的特殊淵源。本品介紹西方極樂世界中蓮花的殊勝功德。在彌陀佛國之中，寶蓮遍滿，皆具微妙色光，一一光中又化現無量諸佛，一一諸佛，演說佛法，安立無量眾生，如此重重無盡，具有不可思議的無量功德，由此極顯極樂世界具有華藏世界十玄妙門中的重重無盡玄門。

「又眾寶蓮華周滿世界，一一寶華百千億葉，其華光明，無量種色。青色青光，白色白光，玄黃朱紫，光色亦然。復有無量妙寶百千摩尼，映飾珍奇，明曜日月。彼蓮華量，或半由旬，或一二三四，乃至百千由旬。一一華中，出三十六百千億光；一一光中，出三十六百千億佛。身色紫金，相好殊特。一一諸佛，又放百千光明，普為十方說微妙法。如是諸佛，各各安立無量眾生於佛正道。」

【譯文】

「還有，在那極樂世界之中，遍布著各種由眾寶所成的蓮花，每一蓮花，皆具百千億葉，花體的光明，具有無數種顏色。青色的花放出青光，白色的花放出白光，玄、黃、朱、紫色的花，也都根據自身顏色放出相應的光。又有無量數的奇珍異寶、百千種摩尼珠，與這些寶蓮相互輝映，彼此裝飾，斑斕奪目，勝過日月。這些寶蓮的大小，或是半由旬，或是一、二、三、四由旬，乃至百千由旬。每一朵花中，放出三十六百千億種光；每一種光中，又示現出三十六百千億尊佛。佛身都是紫磨真金色，相好無比，殊勝莊嚴。每一尊佛，又放出百千種光明，廣為十方世界眾生宣說微妙佛法。這些光中所示現的眾佛，皆具無邊真實妙用，各各安立眾生於佛教的正道之上。」

決證極果第二十二

「決證極果」之「決」是決定，「證」即證得，「極果」是圓滿佛果、無上正等正覺。本品主題即是往生極樂世界者，決定證得無上正等正覺。本品對於極樂世界具有總結性質，篇幅不長，但含義深遠。極樂世界清淨莊嚴，其根本境界，則在於「般若智慧」。彌陀淨土可謂境智冥合，因果如如。往生西方極樂世界者，內無取捨分別，所以外感亦能遠離分別之境。如此，則智、境無不清淨平等。所以極樂淨土沒有日月、星辰、晝夜、晦明等現象，也沒有歲月、劫數等說法，同樣還沒有對家室的執著與留戀。唯一享有的是由清淨之心所生發出的無上快樂，全都安住於正定之聚，註定要證得無上正等正覺。本品為「四十八本願」中第二十九「住正定聚願」、第十二「定成正覺願」的成就。

「復次阿難：彼佛國土，無有昏闇、火光、日月、星曜、晝夜之象，亦無歲月、劫數之名，復無住著家室❶。於一切處，既無標示❷名號，亦無取捨分別，唯受清淨最上快樂。若有善男子、善女人❸，若已生，若當生，皆悉住於正定之聚，決定證於阿耨多羅三藐三菩提。何以故？若邪定聚，及不定聚❹，不能了知建立彼因故❺。」

【譯文】

「阿難，接下來繼續聽我演說：在那阿彌陀佛的極樂淨土，沒有昏暗、火光、日月、星辰以及晝夜等現象，也沒有歲月、劫數等說法，同樣還沒有對家親眷屬的執著與留戀。在所有的地方，既沒有標誌、名稱，也沒有取捨分別的行為，唯一享有的是由清淨心所生發出的最無上的快樂。十方世界之中具足信願行的善男信女，或是過去往生極樂淨土的，或是在將來應當往生極樂淨土的，全都安住於正定之聚，註定要證得無上正等正覺。為什麼這樣說呢？因為若是住於邪定聚或者不定聚，就都不能徹底了知建立決定成佛的妙因所在。」

【注釋】

❶ 住著家室：即執著與留戀於自己的家親眷屬。「住著」即執著、留戀。

❷ 標示：即標誌。

❸善男子、善女人：原指佛教的「四眾」弟子，即出家男女二眾和在家男女二眾，佛典中多指在家信佛男女，也可泛指一切信佛之人。淨土宗更強調指聽聞佛名生起信心，並持名念佛之男子、女人。

❹正定之聚、邪定聚、不定聚：參考頁70第六品「定聚」注釋。

❺彼因：即成立本品標題「決證極果」的原因，「決證」即決定證得，「極果」即圓滿佛果、究竟成佛之果。

十方佛讚第二十三

本品首先敘述了十方無量世界的一切諸佛，對於阿彌陀佛不可思議的無量功德的交口稱頌，這個是阿彌陀佛「四十八大願」中第十七「諸佛稱歎願」的成就。接著，又對「諸佛稱歎」的原因進行了說明，即他們一心要使十方世界的一切眾生，都能聽聞阿彌陀佛的名號，生發清淨無垢的信心，信受樂持阿彌陀佛名號，皈依供養阿彌陀佛，乃至能發堅定不二的清淨信心，將所積所累的所有功德善根，以至誠之心迴向發願，往生阿彌陀佛極樂淨土。

「復次阿難：東方恆河沙數世界，一一界中如恆沙佛，各出廣長舌相❶，放無量光，說誠實言，稱讚無量壽佛不可思議功德。南西北方，恆沙世界，諸佛稱讚，亦復如是。四維上下，恆沙世界，諸佛稱讚，亦復如是。

【譯文】

「阿難，接下來繼續聽我演說：在東方如恆河沙數那麼多的世界，每一個世界又有如恆河沙數一樣多的佛，每尊佛都示現象徵其言說真實可信的廣長舌相，放出無量光明，說出真實不虛的言語，無不稱頌無量壽佛不可思議的無量功德。在南方、西方、北方如恆河沙數一樣多的世界裡的一切佛，也毫無二致地交口稱頌阿彌陀佛不可思議的無量功德。東南、西北、東北、西南、上方、下方等各個方向，也有如恆河沙數那麼多的十方世界，其一切眾佛，對於阿彌陀佛不可思議的無量功德的稱頌，也同樣別無二致。

【注釋】

❶ 廣長舌相：略名「廣長舌」。佛的「三十二相」之一，舌廣而長，柔軟紅薄，出口能蓋覆面部到髮際。又《觀佛三昧海經》卷一稱：「如來廣長舌相，蓮華葉形，上色五畫，五彩分明，舌下十脈，眾光流出，舌相廣長，遍覆其面。」廣長舌相象徵佛辯才無礙，所言決定真實，這是無量劫以來，沒有妄語、綺語、兩舌、惡口等過失，口業清淨而感得的果報。

「何以故？欲令他方所有眾生，聞彼佛名，發清淨心，憶念受持❶，歸依供養❷，乃至能發一念淨信，所有善根，至心迴向，願生彼國。隨願皆生，得不退轉，乃至無上正等菩提。」

【譯文】

「為什麼會是這樣的呢？因為他們一心要使十方世界的一切眾生，都能聽聞阿彌陀佛的名號，生發清淨無垢的信心，對阿彌陀佛專一心志，憶佛念佛，信受樂持阿彌陀佛名號，皈依供養阿彌陀佛，乃至能發堅定不二的清淨信心，將所積所累的所有功德善根，以至誠之心迴向發願，往生阿彌陀佛極樂淨土。如其所願堅定修行，便決定能夠隨其行願而往生，並成就永不退轉的阿惟越致果位，直至最終證得究竟圓滿、無上正等正覺的佛的智慧。」

【注釋】

❶ 憶念受持：「憶」是憶佛之功德，「念」是念佛之名號，「受持」是信受佛法、堅持念佛修持永不間斷。

❷ 歸依：又作「皈依」。指歸敬依靠佛、法、僧三寶。歸依的梵語含有「救濟」、「救護」之義，即依佛、法、僧三寶的功德威力，能加持、攝導歸依之人，使其出離三途六道無邊苦海而得最終解脫。

三輩往生第二十四

這一品主要是講往生極樂世界的眾生，根據其信願的深淺、發心的大小、持誦的多寡以及修習的勤惰等等分殊，分為各種不同的品類，本經將此品類歸納為三大類，就是上輩往生者、中輩往生者和下輩往生者。《觀無量壽經》說得比較詳細，分為九品，佛教有「三輩九品」之說，就是把《無量壽經》和《觀無量壽經》中有關往生極樂淨土者的品類合起來講的緣故。值得注意的是，本品儘管將往生彌陀淨土者分為三類，但有一個基本原則是唯一不變的，即若論其所以能夠往生的關鍵原因，則莫不在於能「發菩提心，一向專念阿彌陀佛」，而這也正是本經的綱領主旨所在。也就是說，如若往生，則信、願、持名這三個條件，缺一不可。「三輩往生」，為阿彌陀佛「四十八大誓願」中第十八「十念必生願」的成就，亦是所有誓願中的核心及其最終落實。

佛告阿難：「十方世界諸天人民，其有至心願生彼國。凡有三輩❶：其上輩者，捨家棄欲，而作沙門，發菩提心，一向專念阿彌陀佛❷，修諸功德，願生彼國。此等眾生，臨壽終時，阿彌陀佛，與諸聖眾，現在其前，經須臾間，即隨彼佛往生其國，便於七寶華中自然化生。智慧勇猛，神通自在。是故阿難，其有眾生欲於今世見阿彌陀佛者，應發無上菩提之心，復當專念極樂國土，積集善根，應持迴向。由此見佛，生彼國中，得不退轉，乃至無上菩提。

【譯文】

釋迦牟尼佛告訴阿難說：「十方世界的一切眾生，其有至誠信心追求往生西方極樂世界的，可分為三等人：上等的往生者，要捨棄家庭，捐棄情欲，出家為僧，發菩提心，一心一意，專念阿彌陀佛名號，至死不渝，修行六度波羅蜜等各種功德，發願往生西方極樂世界。這些眾生，臨到壽終之時，阿彌陀佛與極樂世界的菩薩聖眾，便會出現在他的面前，轉瞬之間，便能隨阿彌陀佛往生西方極樂淨土，在七寶池的蓮花中自然化生。一化生便得到智慧勇猛、神通自在的果報。所以，阿難，如果有眾生想在今生今世就能見到阿彌陀佛，就應該生發無上菩提之心，同時應當專心持念西方極樂世界，積累種種功德善根，並把所修功德迴向往生西方極樂淨土之願。由此便可以在現世得見阿彌陀佛，往生於極樂世界，成就永不退轉的阿惟越致果位，乃至證得無上正等正覺。

【注釋】

❶輩：輩分、等級、類別。這裡主要是指類別。

❷一向：佛教習語。指專向於一處，無雜念，無散亂之心，也即一心、專心。也可指全然、徹底。這裡主要是第一層意思。專念：即專心憶念或專心稱念。關於念佛法門，淨土宗內部有不同解說，一般認為念佛即稱念阿彌陀佛名號，也有認為念佛是憶念佛及佛土的功德或形象，也有認為兩者兼綜。

「其中輩者，雖不能行作沙門，大修功德，當發無上菩提之心，一向專念阿彌陀佛。隨己修行，諸善功德，奉持齋戒，起立塔像❶，飯食沙門，懸繒然燈❷，散華燒香，以此迴向，願生彼國。其人臨終，阿彌陀佛化現其身，光明相好，具如真佛。與諸大眾，前後圍繞，現其人前，攝受導引，即隨化佛往生其國，住不退轉，無上菩提。功德智慧，次如上輩者也。

【譯文】

「中等的往生者，雖然不能出家為沙門，大修功德，但也應當發無上菩提之心，一心一意，專念阿彌陀佛名號，至死不渝。隨自己的所能勉力修行，積功累德，如奉齋持戒，建佛塔、造佛像，以飯食供養出家僧眾，在佛殿懸掛彩幡、點燃燈燭、獻花焚香等等，並用以上功德迴向，發願往生西方極樂世界。這些眾生，在其壽命終了之時，阿彌陀佛會向他示現其化身，化身的光明相好與佛真身沒有區別。又有極樂世界的菩薩聖眾前後圍繞在這化身佛旁，出現在這人面前，接納導引，立刻便隨阿彌陀佛的化身往生西方極樂世界，也可以得到阿惟越致不退轉菩薩果位和正等正覺。但是這人的功德和智慧，則要略比上等的往生者略遜一籌。

【注釋】

❶ 塔像：「塔」指佛塔，「像」即佛像。「塔」是佛教的一種重要建築類型，音譯作「窣睹婆」、「窣堵婆」等，略譯作「塔婆」、「佛圖」、「浮圖」、「浮屠」、「佛塔」等，意譯為「高顯處」、「功德聚」、「方墳」、「圓塚」、「大塚」、「塔廟」、「歸宗」、「靈廟」等。原指為安置佛陀舍利等物，而以磚等構造而成的建築物，後來又與不埋佛舍利的佛教建築「支提」混同為一，泛指一切安置佛舍利、遺物以及諸佛菩薩像、佛陀足跡、祖師高僧遺骨、經文和各種法物等，而以堆土、石、磚、木等築成，作為供養、禮拜、紀念的多層建築物。佛塔的一般形制由台基、覆缽、平頭、竿、傘五部分組成。早期的佛塔是一個半圓形的大土塚，如現存比較完整的印度桑奇大塔，中央是覆缽形塔體，塔頂上有方形平台和三層傘蓋，塔的底部有基台和圍欄，前

面有階梯上下。最外層還有繞塔圍欄，供信徒環繞以作巡禮，圍欄的四面各有一個牌坊狀塔門。漢傳佛教的最具代表性的佛塔則主要是在覆鉢式佛塔的基礎上，與中國傳統的樓閣式建築結合而形成的樓閣式佛塔。樓閣式佛塔的特徵是：每層之間的距離較大，塔的一層相當於樓閣的一層，各層面大小與高度，自下而上逐層縮小，整體輪廓為錐形。樓閣式塔的平面，唐代為方形，宋、遼、金時代為八角形，宋代還出現過六角形。明、清時代仍採用八角形和六角形。塔的位置最初在中國寺院中是處於中心地位的，唐代開始逐步發展為以佛殿為中心，塔被建於寺旁或寺後，還有的更另建塔院。

❷懸繒然燈：懸掛彩幡，點燃燈燭。繒，原意為絹帛類織物，這裡指佛教禮佛的幡幢。然，通「燃」，即點燃。

「其下輩者，假使不能作諸功德，當發無上菩提之心，一向專念，阿彌陀佛。歡喜信樂，不生疑惑，以至誠心，願生彼國。此人臨終，夢見彼佛，亦得往生。功德智慧，次如中輩者也。」

【譯文】

「下等的往生者，假使不能如上、中等的往生者一樣行諸功德，也應當發無上菩提之心，一心一意，專念阿彌陀佛名號。能歡喜、信仰、愛好、修行這一法門，沒有絲毫疑惑和動搖，並以至誠之心，發願求生西方極樂淨土。這些眾生，在其臨終之時，便可夢見阿彌陀佛，也能夠得以往生西方極樂淨土。但其所成就的功德智慧，又要比中等的往生者差了一截。

「若有眾生住大乘者，以清淨心，向無量壽，乃至十念，願生其國。聞甚深法，即生信解，乃至獲得一念淨心。發一念心念於彼佛，此人命終時，如在夢中，見阿彌陀佛，定生彼國，得不退轉無上菩提。」

【譯文】

「如果還有專一修習大乘菩薩道其他法門的眾生，雖沒有專門修習阿彌陀佛淨土法門，但能以無垢清淨之心，嚮慕無量壽佛，然後持名念佛，甚至只需十念，發願往生極樂世界。這些眾生，聽到淵深的佛法教理，也能立即生發信仰和理解之心，以至於獲得一心專念阿彌陀佛的淨心。如果他用這一心專念的淨心，誦念阿彌陀佛的名號，則在其命終之時，如同在夢中一樣，得以見到阿彌陀佛，這也一定能夠往生極樂世界，得永不退轉的阿惟越致果位，證得無上正等正覺。」

往生正因第二十五

本品為上一品「三輩往生」的進一步補充。「三輩往生」品更注重往生之後的位次，而本品則著重說明往生的因行。此兩品互做經緯，彼此涵攝，上品三輩往生者之所行，其實就是往生正因；而本品中所揭示的往生正因，其結果就是上品中的往生三輩。具體而言，上輩往生者的正因在於：㈠受持本經，㈡求生淨土，㈢發菩提心，㈣嚴守經戒，㈤饒益有情，㈥憶佛念佛。中輩往生者的正因在於：㈠修行十善，㈡晝夜念佛，㈢志心歸依，㈣頂禮供養。下輩往生者的正因在於：㈠修行世俗善業，㈡忙裡偷閒，一心清淨，念佛往生。最後，本品還指出，往生極樂世界之人，儘管其因行有如上種種差異，但往生之後皆屬大乘，皆能證得阿惟越致不退轉果位，都具有三十二種大人相的黃金色身，都必將成佛。

「復次阿難：若有善男子，善女人，聞此經典，受持讀誦，書寫供養，晝夜相續，求生彼剎，發菩提心，持諸禁戒，堅守不犯。饒益有情，所作善根，悉施與之，令得安樂。憶念西方阿彌陀佛，及彼國土。是人命終，如佛色相種種莊嚴，生寶剎中，速得聞法，永不退轉。

【譯文】

「阿難，接下來繼續聽我說法：如果有善男信女，聽說到這部《無量壽經》，能夠信受、讀誦、抄寫、供養，無論白天黑夜，一刻不休地發願往生西方極樂世界，發大菩提道心，奉持種種戒律，堅定恪守而無絲毫違犯。廣做善事以利益眾生，並將行善所積的一切功德善根，全無保留地奉獻布施給一切眾生，使他們離諸苦海而得安樂。同時又能發心憶念西方阿彌陀佛，追求往生極樂淨土。則在其命終之時，便會有像佛一樣莊嚴色相，往生於西方極樂淨土，並立即能夠聽聞佛法，證得阿惟越致不退轉菩薩果位。

「復次阿難：若有眾生，欲生彼國，雖不能大精進禪定，盡持經戒，要當作善。所謂：一不殺生，二不偷盜，三不淫欲，四不妄言，五不綺語，六不惡口，七不兩舌，八不貪，九不瞋，十不癡❶。如是晝夜思惟，極樂世界阿彌陀佛，種種功德，種種莊嚴，志心歸依，頂禮供養。是人臨終，不驚不怖，心不顛倒，即得往生彼佛國土。

【譯文】

「阿難，接下來繼續聽我說法：如果有眾生想往生西方極樂世界，雖然不能在禪定等修習上勇猛精進，又不能完全奉行持守經教戒律，但務必要盡其所能斷除惡業，修十善業。即所謂：一不殺生，二不偷盜，三不放縱淫欲，四不說假話，五不說奉承話，六不惡語傷人，七不搬弄是非，八不貪得無厭，九不憎忿怒惱，十不癡心妄想。依此十種善業為基礎，集中精力，夜以繼日地專心憶念阿彌陀佛的種種功德及其極樂淨土的種種莊嚴，堅決信念，發心皈依，向佛虔心禮敬，悉心供養。在其臨終之時，便不會驚慌恐怖，心神安定平和而不顛倒迷亂，立時往生西方極樂淨土。

【注釋】

❶「一不殺生」幾句：為佛教所謂「十善」。「十善」以三種身業（不殺生、不偷盜、不邪淫）、四種語業（不妄語、不綺語、不惡口、不兩舌）及三種意業（不貪欲、不瞋恚、不邪見）所組成的，又稱「十善道」、「十善業道」、「十善根本業道」或「十白業道」。大乘佛教認為，「十善」是世間善行的總稱，也是一切出世間善行的基礎。「不邪淫」，指不與配偶之外的人行淫。

「不妄言」指不說假話誆騙他人。「不綺語」即不說散亂污雜之語，亦不作巧佞之辯。「不惡口」即不惡語傷人。「不兩舌」指不搬弄是非、離間他人。「不貪」即「不貪欲」，指對外物不起貪心。「不瞋」即「不瞋恚」，指對他人不生瞋怒恨惱之心。「不癡」即「不邪見」，指對事對理沒有偏邪異見，不混淆是非，而能明白了解事理因果的真相。

「若多事物❶，不能離家，不暇大修齋戒❷，一心清淨，有空閒時，端正身心，絕欲去憂，慈心精進。不當瞋怒、嫉妒，不得貪餮慳惜❸，不得中悔❹，不得狐疑。要當孝順，至誠忠信。當信佛經語深，當信作善得福。奉持如是等法，不得虧失。思惟熟計，欲得度脫，晝夜常念，願欲往生阿彌陀佛清淨佛國。十日十夜，乃至一日一夜，不斷絕者，壽終皆得往生其國，行菩薩道。」

【譯文】

「如果有的眾生因有諸多俗事纏身，不能夠出家修行，又沒有時間來大修齋戒而難得一心清淨，那他應當一有空閒，便端身正意，斷絕物欲誘惑，捨棄得失憂患，待人以慈悲之心，律己以精進修持。不憎怒忿恨，不生嫉妒之心，不貪得無厭、慳惜吝嗇，不出爾反爾、中途反悔，不滿腹狐疑、四下猜忌。要孝順父母，誠心待人，恪盡職守，言出必果。要深信佛之經教義理深廣，要深信行善得福的因果報應之理。至心奉持上面所說的諸條原則，不得有所虧失折扣。為了脫離生死苦海而深思熟慮，無論白天黑夜，時時憶念阿彌陀佛，發願往生阿彌陀佛極樂淨土。如此不停歇執持憶念十天十夜，甚至只要一天一夜，命終之後也一定可以往生西方極樂世界，修行菩薩道。

【注釋】

❶多事物：即俗間事務繁忙。

❷不暇：沒有空閒的時間。

❸貪餮：「貪」即貪婪。「餮」即饕餮，為傳說中的一種兇惡貪食的野獸，多用於比喻兇惡貪婪或貪吃不厭的人。這裡可解釋為貪得無厭。

❹中悔：即中途後悔，佛教代指先信後疑，信仰不堅固。

「諸往生者，皆得阿惟越致，皆具金色三十二相，皆當作佛。欲於何方佛國作佛，從心所願。隨其精進早晚，求道不休，會當得之，不失其所願也。

【譯文】

「修行菩薩道往生西方極樂世界的人，都可證得阿惟越致不退轉果位，都具有三十二種大人相的黃金色身，都必將成佛。想到哪一方佛國淨土作佛，都可從心所願。至於成佛之期，便要隨其人精進努力的程度而有早晚之分，但只要求道不息，就絕不會違失其成佛之本願，一定能夠成佛。

「阿難，以此義利故，無量無數不可思議無有等等、無邊世界❶，諸佛如來，皆共稱讚無量壽佛所有功德。」

【譯文】

「阿難，由於這個往生法門能將如此眾多真實究竟的利益普施眾生，所以無量無數、不可思議、沒有等差、無邊世界裡的諸佛如來，都共同稱頌無量壽佛所具有的功德。」

【注釋】

❶無有等等：即沒有差別等級。

禮供聽法第二十六

上兩品主要講極樂世界的菩薩，本品則是講他方世界諸菩薩眾，都來到極樂世界，禮拜供養阿彌陀佛。阿彌陀佛憫念來者，於是為他們宣演妙法，十方世界諸大菩薩無不歡喜聽受，交口盛讚彌陀淨土功德莊嚴。本品的主體是釋迦牟尼佛以偈頌的形式展開，首先是諸大菩薩對於阿彌陀佛及其佛國淨土的讚歎，並由此發往生之願；其次是阿彌陀佛對眾菩薩演說淨土法門，要他們通達一切法的真如實相，了知一切法皆是空、無我，然後立大誓願，專求淨土，方能獲得決定成佛不退轉的授記。

「復次阿難！十方世界諸菩薩眾，為欲瞻禮極樂世界無量壽佛，各以香華幢幡寶蓋，往詣佛所，恭敬供養，聽受經法，宣布道化❶，稱讚佛土功德莊嚴。」

爾時世尊即說頌曰：

東方諸佛剎，數如恆河沙。
恆沙菩薩眾，往禮無量壽。
南西北四維，上下亦復然。
咸以尊重心，奉諸珍妙供。
暢發和雅音，歌歎最勝尊❷。
究達神通慧，遊入深法門。
聞佛聖德名❸，安穩得大利。
種種供養中，勤修無懈倦。
觀彼殊勝剎，微妙難思議。
功德普莊嚴，諸佛國難比。
因發無上心，願速成菩提。
應時無量尊，微笑現金容。
光明從口出，遍照十方國。
迴光還繞佛，三匝從頂入。
菩薩見此光，即證不退位。

時會一切眾，互慶生歡喜。
佛語梵雷震，八音暢妙聲[4]。
十方來正士，吾悉知彼願。
志求嚴淨土，受記當作佛。
覺了一切法，猶如夢幻響。
滿足諸妙願，必成如是剎。
知土如影像，恆發弘誓心。
究竟菩薩道，具諸功德本。
修勝菩提行，受記當作佛。
通達諸法性，一切空無我。
專求淨佛土，必成如是剎。
聞法樂受行，得至清淨處。
必於無量尊，受記成等覺。
無邊殊勝剎[5]，其佛本願力。
聞名欲往生，自致不退轉。
菩薩興至願，願己國無異。

普念度一切，各發菩提心。

捨彼輪迴身，俱令登彼岸。

奉事萬億佛，飛化遍諸剎❻。

恭敬歡喜去，還到安養國❼。

【譯文】

「阿難，接下來繼續聽我說法。十方世界的諸多菩薩大眾，為了想瞻仰禮拜極樂世界的無量壽佛，都帶著香花、幢幡、寶蓋，來到極樂世界阿彌陀佛的住所，以無比恭敬之心供養阿彌陀佛，聆聽接受阿彌陀佛講授的經法，然後在十方世界宣傳散布所聞經教，並以之化導眾生，稱頌極樂世界的功德莊嚴。」

釋迦牟尼佛又隨即口說一頌，以此偈頌稱讚阿彌陀佛道：

東方諸佛剎，數如恆河沙。

恆沙菩薩眾，往禮無量壽。

南西北四維，上下亦復然。

咸以尊重心，奉諸珍妙供。

暢發和雅音，歌歎最勝尊。

究達神通慧，遊入深法門。
聞佛聖德名，安穩得大利。
種種供養中，勤修無懈倦。
觀彼殊勝剎，微妙難思議。
功德普莊嚴，諸佛國難比。
因發無上心，願速成菩提。
應時無量尊，微笑現金容。
光明從口出，遍照十方國。
迴光還繞佛，三匝從頂入。
菩薩見此光，即證不退位。
時會一切眾，互慶生歡喜。
佛語梵雷震，八音暢妙聲。
十方來正士，吾悉知彼願。
志求嚴淨土，受記當作佛。
覺了一切法，猶如夢幻響。
滿足諸妙願，必成如是剎。

知土如影像，恆發弘誓心。
究竟菩薩道，具諸功德本。
修勝菩提行，受記當作佛。
通達諸法性，一切空無我。
專求淨佛土，必成如是剎。
聞法樂受行，得至清淨處。
必於無量尊，受記成等覺。
無邊殊勝剎，其佛本願力。
聞名欲往生，自致不退轉。
菩薩興至願，願己國無異。
普念度一切，各發菩提心。
捨彼輪迴身，俱令登彼岸。
奉事萬億佛，飛化遍諸剎。
恭敬歡喜去，還到安養國。

【注釋】

❶宣布道化：「宣佈」即宣揚傳布，「道化」指以佛道來化導。

❷最勝尊：即阿彌陀佛。

❸聖德名：即阿彌陀佛的名號。

❹八音：又作「八種清淨音」、「八種梵音聲」、「八梵」。謂如來所發音聲，具有八種殊勝功德，能使眾生聞即解悟。具體包括：㈠極好音，又作「最好聲」、「悅耳聲」。指一切諸天、二乘、菩薩，所發音聲雖各有動聽之處，但卻未達最高境界，只有如來所發音聲能使聽聞者永無厭倦，甚至能由此契入佛道，為好中之最。㈡柔軟音，又作「濡軟聲」、「發喜聲」。指佛以慈善為心，所出音聲巧順物情，能使聽者喜悅歡愉，皆捨剛強倔強之心。㈢和適音，又作「和調聲」、「和雅聲」。指佛所發出的音聲和雅協調，能使聽者內心融和妥適，因聲會理。㈣尊慧音，又作「入心聲」。指如來所發出的音聲能使聽者心生尊重敬仰，同時還能慧悟佛理。㈤不女音，又作「無厭聲」。指佛有大雄之德，所發出的音聲具足四無畏，能使一切聽者心生敬畏，天魔外道，無不歸服，絕不會像女子的嬌聲。㈥不誤音，又作「分明聲」。指佛智圓明，照了無礙，所發出的音聲真實無謬，並使聽者各獲正見。㈦深遠音，又作「深妙音」。指佛智幽深，行位高極，所發出的音聲自近而遠，徹至十方，遠近皆宜，無不開悟深遠佛理。㈧不竭音，又作「易了聲」。指如來願行無盡，妙義高遠，所發出的音聲使聽者反覆尋繹，回味無窮。

❺殊勝剎：指極樂世界。

❻飛化：即飛行遊化。

❼安養國：極樂世界的別名。

歌歎佛德第二十七

上一品是講十方世界諸菩薩眾來到西方極樂世界禮佛、聽法，本品則談到極樂世界的菩薩眾遍至十方，禮供諸佛，隨即還歸本土聽聞妙法。西方極樂世界的菩薩，仰承阿彌陀佛神威之力的加持，能夠用一頓飯的工夫，往復於十方無邊無量的佛國淨土，供養諸佛。供佛所需的花、香、幢、幡等供養之具，隨其心意，立時而至。品末還介紹了諸天聖眾供奉阿彌陀佛及其淨土菩薩的勝因，即都是由於無量壽佛本願功德加持以及他們在過去世中曾經供養無量諸佛如來，所積累的善根延續下來而無絲毫缺失減損的緣故，同時也是他們善於修習、攝取、成就佛法的緣故。

佛語阿難：「彼國菩薩，承佛威神，於一食頃，復往十方無邊淨刹，供養諸佛。華香幢幡，供養之具，應念即至，皆現手中。珍妙殊特，非世所有，以奉諸佛及菩薩眾。

【譯文】 釋迦牟尼佛對阿難說：「西方極樂世界的菩薩，仰承阿彌陀佛神威之力的加持，能夠用一頓飯的工夫，往復於十方無邊無量的佛國淨土，供養諸佛。供佛所需的花、香、幢、幡等供養之具，隨其心意，立時而至，出現於手中。這些供品珍貴、美妙，奇特超凡，絕非俗世所有，都被奉獻給十方世界的一切諸佛及菩薩大眾。

「其所散華，即於空中，合為一華，華皆向下。端圓周匝，化成華蓋，百千光色，色色異香，香氣普薰。蓋之小者，滿十由旬，如是轉倍❶，乃至遍覆三千大千世界。隨其前後，以次化沒。若不更以新華重散，前所散華終不復落。於虛空中共奏天樂，以微妙音歌歎佛德。

【譯文】 「所有散下的香花，能立時在空中合成一花，所有花心全部向下，花邊端正渾圓，完滿周遍，化成一個碩大的華蓋，華蓋放射百千種繽紛斑斕的光色，每一種光色都放出不同的異香，香氣遍薰十方世界。華蓋中最小的也足有十由旬大，然後不斷地自然倍增，直至能遍滿覆蓋三千大千世界。所有妙花都緩緩飄落，隨著落下的先後順序，漸次隱沒。如果不再次在空中撒下新花，則前面所撒下的花就不會落下。在虛空之中，還有美妙天樂的合奏，並用極盡微妙的音聲，歌頌著佛的殊勝功德。

【注釋】

❶ 轉倍：不斷倍增擴大。

「經須臾間，還其本國，都悉集會七寶講堂。無量壽佛，則為廣宣大教，演暢妙法。莫不歡喜，心解得道。即時香風吹七寶樹，出五音聲。無量妙華，隨風四散，自然供養，如是不絕。一切諸天，皆齎百千華香❶，萬種伎樂❷，供養彼佛，及諸菩薩聲聞之眾。前後往來，熙怡快樂❸。此皆無量壽佛本願加威，及曾供養如來，善根相續，無缺減故，善修習故，善攝取故，善成就故。」

【譯文】

「極樂世界的菩薩聖眾在同時供養十方世界諸佛之後，轉瞬之間，便又全都回到極樂世界，全部聚集於七寶所成的講堂。無量壽佛在此為他們宣說大教，暢演妙法。菩薩們聽聞阿彌陀佛的宣教之後莫不歡欣鼓舞，心開意解，悟入聖道。這時，便立時有香風吹拂七寶所成聖樹，發出微妙和美的交響樂聲。無數神奇美妙香花，一時隨風四下散布，自然供養於佛。這樣的神妙情景，相續不絕。一切諸天聖眾，全都手捧百千種散發妙香的鮮花，演奏出萬種器樂，來供養阿彌陀佛以及法會上的諸大菩薩和聲聞大眾。大眾前後往來，熙熙攘攘，滿心喜悅、歡欣。這都是由於無量壽佛本願功德加持以及他們在過去世中曾經供養無量諸佛如來，所積累的善根延續下來而無絲毫缺失減損的緣故，同時也是他們善於修習佛法、善於攝取佛法、善於成就佛法的緣故。」

【注釋】

❶ 齎：攜帶，資助。這裡指攜帶。

❷ 伎樂：由樂人演奏、表演的音樂、舞劇等。伎，多指女性歌舞藝人，或泛指一切歌舞表演。

❸ 熙怡：喜悅愉快。

大士神光第二十八

本品開始介紹極樂世界大菩薩眾的神通光明，其神通可以做到「洞視、徹聽八方、上下、去來、現在之事」，其光明或至一尋、或達百由旬。而在諸聖眾之中，特別提到了觀世音菩薩和大勢至菩薩，認為他們在極樂世界諸菩薩眾中，最尊第一。他們的威神光明，普照三千大千世界；他們利樂眾生的功德，亦遠在其他菩薩之上。品末還特別介紹，世間的善男信女，如果有緊急危難恐怖之事，只要一心皈依、稱念觀世音菩薩，就無不能夠得到迅速解脫。

佛告阿難：「彼佛國中諸菩薩眾，悉皆洞視，徹聽八方、上下、去來、現在之事。諸天人民，以及蜎飛蠕動之類，心意善惡，口所欲言，何時度脫，得道往生，皆豫知之❶。又彼佛剎諸聲聞眾，身光一尋❷，菩薩光明，照百由旬。有二菩薩，最尊第一，威神光明，普照三千大千世界。」

【譯文】

釋迦牟尼佛對阿難說：「西方極樂世界中的一切菩薩大眾，都能夠透徹明晰地照察、傾聽到八方上下、過去未來現在的一切事情。對十方世界的諸天人民乃至於飛蠅爬蟲之類一切有情眾生心意的善與惡、想要說出的話以及何時能夠度脫苦海、何時能夠得道往生極樂世界等等問題，他們都能預先知曉。另外，西方極樂世界的諸聲聞眾，身上發出的光明可以照亮一旬之地；而菩薩的光明，則可照亮方圓百由旬之地。其中有兩尊菩薩，最為尊貴，堪稱第一，他們的威神光明普照三千大千世界。」

【注釋】

❶豫知：預先知道。豫，預先。

❷尋：中國古代的一種長度單位，相當於兩臂伸開的長度。多以八尺為一尋，也有以七尺為一尋。

阿難白言：「彼二菩薩，其號云何？」佛言：「一名觀世音❶，一名大勢至❷。此二菩薩，於娑婆世界❸，修菩薩行，往生彼國，常在阿彌陀佛左右。欲至十方無量佛所，隨心則到。現居此界，作大利樂❹。世間善男子，善女人，若有急難恐怖，但自歸命觀世音菩薩，無不得解脫者。」

【譯文】

阿難問道：「這兩尊菩薩的名號是什麼呢？」釋迦牟尼佛答道：「一尊名叫觀世音菩薩，一尊名叫大勢至菩薩。這兩尊菩薩在娑婆世界修菩薩行，往生極樂世界時，便常常隨侍於阿彌陀佛左右。他們如果想去十方無量佛國，都能隨心所欲，立時到達。現在他們居住於我們所在的娑婆世界，教化眾生遠離惡趣，求生彌陀淨土。世間的善男信女，如果有緊急危難恐怖之事，只要一心皈依、稱念觀世音菩薩，無不能夠得到解脫。」

【注釋】

❶觀世音：即「觀世音菩薩」的簡稱，又作「光世音菩薩」、「觀自在菩薩」、「觀世自在菩薩」、「觀世音自在菩薩」、「現音聲菩薩」、「窺音菩薩」，略稱「觀音菩薩」，別稱「救世菩薩」、「蓮華手菩薩」、「圓通大士」。觀世音菩薩以大慈大悲救濟眾生的行願而聞名。據稱，凡遇難眾生誦念其名號，菩薩能即時觀其音聲而前往施救，故稱「觀世音菩薩」；又因其遍

觀眾生苦樂，能隨其機緣，隨宜示現不同身相，自在無礙地拔苦施樂，故又稱「觀自在菩薩」。觀世音菩薩與大勢至菩薩同為西方極樂世界阿彌陀佛之脅侍（觀世音菩薩為左脅侍），世稱「西方三聖」。在整個佛教菩薩信仰中，觀世音菩薩是最為人們熟知的菩薩，泛傳於印度、西域，乃至中國、西藏、日本、南海等地，有關其信仰史事亦為數最多，其中有不少混入了後世當地所興起的民間信仰的內容。自西晉竺法護《法華經》譯出後，中國亦大興觀世音信仰。自北魏以後，造觀世音像之風益盛，今大同、龍門等地存有遺品甚多。隋唐以後，隨著密教之傳入，諸種觀世音像亦被造立，如敦煌千佛洞的菩薩像，觀世音像即居大半。相傳其顯靈說法的道場在我國浙江普陀山，其生日為陰曆二月十九日，出家日為九月十九日，成道日為六月十九日。

❷ 大勢至：即「大勢至菩薩」的簡稱。又譯作「得大勢菩薩」、「大勢志菩薩」、「大精進菩薩」，或簡稱「勢至」、「勢志」。與觀世音菩薩同為阿彌陀佛的脅侍（大勢至菩薩為右脅侍），亦為「西方三聖」之一。相對於觀音的代表慈悲，大勢至菩薩象徵智慧。《觀無量壽經》云：「以智慧光普照一切，令離三塗，得無上力，是故號此菩薩名大勢至。」依《楞嚴經》所載，大勢至菩薩在因地所修的是念佛三昧，因此，他也以念佛法門教導眾生，他開示的法門是：「都攝六根，淨念相繼，得三摩地，斯為第一。」這種法門，在後世也成為我國淨土修行者的重要準則。

❸ 娑婆世界：意譯「忍」、「堪忍」、「能忍」、「忍土」。即是指釋迦牟尼進行教化的我們人類

所在的現實世界。這一世界的眾生安於十惡，忍受貪、瞋、癡等種種煩惱，不肯出離，剛強難化，故名為忍。娑婆國土為三惡五趣雜會之所，所以又譯作「雜惡」、「雜會」。「娑婆」一詞原指我們人類所居住的閻浮提，後世逐漸成為釋迦牟尼佛所教化的「三千大千世界」的代稱，並以釋迦牟尼佛為娑婆世界的本師。

❹ 大利樂：即大利益，大安樂。

願力宏深第二十九

本品承接上一品，繼續介紹西方極樂世界諸菩薩的功德，特別指出，彌陀淨土的大菩薩無不願力宏深，決定成就一生補處，也即能夠一生而成佛。雖生極樂世界，也不捨棄他方世界六道眾生，自願示現於六道輪迴的生死世間，為度化一切眾生往生淨土，而宣說弘揚德威並具的佛法。當然，儘管他們示現與五濁惡世眾生同類的色身，但他們從修行之始直到成佛，都不會遭受真實的惡趣之苦。如此輾轉救度，令無量眾生皆得解脫，往生成佛。而西方極樂世界儘管往生者無量無邊，但其人數規模，並不為之增加，堪稱恆常不變的一真法界。因此，品末又盛讚了阿彌陀佛的恩德深廣無極。本品所述，為阿彌陀佛「四十八大誓願」中第三十五「一生補處願」及三十六「教化隨意願」的成就。

「復次阿難：彼佛剎中，所有現在，未來，一切菩薩，皆當究竟一生補處。唯除大願，入生死界❶，為度群生，作師子吼。擐大甲胄❷，以宏誓功德而自莊嚴。雖生五濁惡世❸，示現同彼，直至成佛，不受惡趣。生生之處，常識宿命。

【譯文】

「阿難，接下來繼續聽我說法。西方極樂世界中所有現在往生的、未來往生的一切菩薩，都決定能證得究竟『一生補處』的果位。除非他們發下宏大誓願，自願示現於六道輪迴的生死世間，為度化眾生，而宣說弘揚德威並具的佛法。這些大菩薩，身披宏深誓願的鎧甲，以修行宏深誓願的功德而自行莊嚴。雖投生於五濁惡世，示現與五濁惡世眾生同類的色身，但他們從修行之始直到成佛，都不會遭受真實的惡趣之苦。他們生生於現世，卻都能知曉過去將來的一切宿命。

【注釋】

❶入生死界：指輪迴於有生有死的六道之中。

❷擐大甲胄：「擐」即穿，原意為身披鎧甲。這裡是比喻眾菩薩嚴持戒律，示現無畏勇猛的德相。也有解為比喻諸菩薩以誓願為鎧甲，護衛本身慧命。

❸五濁：又作「五滓」。指減劫（人類壽命次第減短的時代）中所起之五種滓濁，也即末法時代一

切眾生的五種惡劣的生存狀態。具體為：一、命濁，是眾生因煩惱叢集，心身交瘁，壽命短促；二、眾生濁，是世人每多弊惡，心身不淨，不達義理；三、煩惱濁，是世人貪於愛欲，瞋怒諍鬥，虛誑不已；四、見濁，是世人知見不正，不奉正道，異說紛紜，莫衷一是；五、劫濁，是生當末世，饑饉疾疫刀兵等相繼而起，生靈塗炭，永無寧日。

「無量壽佛意欲度脫十方世界諸眾生類，皆使往生其國，悉令得泥洹道❶。作菩薩者，令悉作佛。既作佛已，轉相教授，轉相度脫。如是輾轉，不可復計。十方世界，聲聞菩薩，諸眾生類，生彼佛國，得泥洹道，當作佛者，不可勝數。彼佛國中，常如一法，不為增多。所以者何？猶如大海，為水中王，諸水流行，都入海中，是大海水，寧為增減？

【譯文】

「無量壽佛為了度脫十方世界的一切眾生，使他們都能往生西方極樂世界，使他們都證得涅槃之道。修行菩薩道的，令他們全部成佛。成佛之後，又都重回世間去教化眾生，使眾生度脫三界生死苦海。像這樣輾轉教化、輾轉度脫，沒有盡期，得度眾生的數量，也無法數計。因此，十方世界的聲聞、菩薩以及一切眾生，其往生西方極樂世界、證得涅槃之道，必當成佛的人數，數不勝數，不可計量。西方極樂世界是恆常不變的一真法界，往生極樂淨土的人數再多，其人數也不會有所增加。這是什麼緣故呢？這種情形猶如大海，大海為眾水之歸、水中之王，江河湖渠中的所有水都同歸於海，但這大海的水，難道會為此而有所增減嗎？

【注釋】

❶泥洹：為「涅槃」的異譯，又名「滅度」，指滅盡煩惱和度脫生死的境界。

「八方上下，佛國無數，阿彌陀國，長久廣大，明好快樂，最為獨勝。本其為菩薩時，求道所願，累德所至。無量壽佛，恩德布施八方上下，無窮無極，深大無量，不可勝言。」

【譯文】

「十方世界的佛國淨土無量無盡，而阿彌陀佛的佛國淨土，恆久長存，廣大無邊，清淨光明，美好莊嚴，快樂適意，在無量無盡的諸佛國淨土之中最為殊勝。這都是阿彌陀佛於因地做菩薩時求道所發宏深大願，並於無量時劫積功累德的殊勝所造成的。無量壽佛以此恩德普施十方世界，功德無法窮盡沒有極限，深廣宏大，無可計量，難以言表。」

菩薩修持第三十

本品繼續承續上一品，對西方極樂世界諸大菩薩中的功德進行解說。本品著重介紹彌陀淨土菩薩自覺覺他的勝妙修行之道。其中包括：一、菩薩自利德行；二、菩薩利他德行；三、德行圓滿境界。菩薩自利德行是指他們的禪定、智慧、神通、威德，無一不是圓滿具足，對於諸佛如來所說的深秘玄奧的陀羅尼法，也都究竟契入，修行七覺聖道，並修佛果地上照真達俗的五眼神通。菩薩利他德行則又包括兩個方面：㈠辯才無礙，善解方便，演說正法，度諸有情；㈡遍遊佛剎，捨離執著，大悲心起，普利眾生。德行圓滿境界則指諸大菩薩們了知世間一切諸法皆是虛妄，平等空寂。故能於三界之中，平等勤修，最終「究竟一乘，至於彼岸」。

「復次阿難：彼佛剎中一切菩薩，禪定、智慧、神通、威德，無不圓滿。諸佛密藏❶，究竟明了。調伏諸根❷，身心柔軟❸，深入正慧，無復餘習❹，依佛所行，七覺聖道❺，修行五眼❻，照真達俗。肉眼簡擇，天眼通達，法眼清淨，慧眼見真，佛眼具足，覺了法性。

【譯文】

「阿難，接下來繼續聽我說法：西方極樂世界中的一切菩薩，其禪定、智慧、神通、威德，無一不是圓滿具足的。對於諸佛如來所說的深秘玄奧的陀羅尼法，也都究竟契入，無不洞達明了。他們調和、制伏身、口、意諸業，以離垢去惡。身心清淨柔軟而隨順正道，深入於如來的真實智慧，不再有煩惱斷後的殘餘習氣，依照阿彌陀佛的教化，修行擇法覺、精進覺、喜覺、除覺、捨覺、念覺等七種覺悟；修行正見、正思惟、正語、正業、正命、正精進、正念、正定八種聖道；修行肉眼、天眼、法眼、慧眼、佛眼等佛果地五眼。照見諸法實相，洞達宇宙萬法。『肉眼』只能分別現前色相；『天眼』能徹見遠近、內外、前後、上下種種色相，得見十方恆沙世界眾生的死生業果；『法眼』能遍觀世間、出世間的一切諸法，及知一切眾生的種種心理行為；『慧眼』能徹照宇宙人生萬有的事實真相；『佛眼』無所不見，具足一切眼的圓滿功用，對一切事理因果都通達明了，覺了諸法實性而不起分別。

【注釋】

❶密藏：是法身如來所說的深秘玄奧的真實語。《二教論》云：「法佛談話謂之密藏，言秘奧實說。」也有將「密藏」解為能總持一切善法的陀羅尼。如《僧史略》稱：「密藏者，陀羅尼法也。是法秘密，非二乘境界諸佛菩薩，所能遊履也。」這即是說，諸佛「密藏」深善隱密，不是小乘聖人所能明了和實踐的。

❷調伏諸根：「調」即調和，「伏」即制伏。「調伏諸根」是指調和控御身口意三業，制伏除滅諸惡煩惱，使六根清淨無染。

❸身心柔軟：指身心柔和而隨順於正道，與剛強倔強、桀驁不馴相對。

❹餘習：又作「殘習」、「餘氣」、「習氣」。指雖能斷除煩惱，但仍然存在殘餘習氣。大乘佛教認為，二乘不能斷除餘習，只有佛能斷除。

❺七覺聖道：即佛教所謂的「七覺支」與「八聖道」。「七覺支」全名「七等覺分」或「七遍覺支」，又稱「七菩提分」、「七覺分」、「七覺意」、「七覺」等。「三十七道品」分為七科時，此七法位列第六。所謂「覺支」，意指到達開悟之前的修行項目。「七覺支」即是指趣向菩提的七種修行法。在三十七菩提分法的七種修行道中，七覺支被認為是最高層次的修行法。具體而言，包括：1.擇法覺支：擇即揀擇，指以智慧觀察諸法時，能簡別真偽，不謬取虛偽法。2.精進覺支：即對於所修法，努力精進不懈。也就是修諸道法時，能覺了且息止無益的苦行，而於真

正法中，專心一意，無有間歇。3.喜覺支：喜謂歡喜，心契悟於真法而得歡喜時，能覺了此法是否從顛倒法生，因此而住於真正的法喜。4.除覺支：除謂斷除，即斷除諸見、煩惱時，能覺了、能棄除虛偽法，並增長真正的善根。5.捨覺支：捨是捨離，即捨離所見與所執著之境時，能覺了且永不追憶虛偽不實之法。6.定覺支：定指禪定，即發禪定時，能覺了諸禪不生煩惱妄想。7.念覺支：念是憶念，即修諸道法時，能憶念而令定慧均等，不昏沉、不浮動。「八聖道」即「八正道」，亦稱「八支正道」、「八支聖道」。意謂達到佛教最高理想境地（涅槃）的八種方法和途徑。具體包括：1.正見：正確的見解，亦即堅持佛教四諦的真理；2.正思惟：又稱「正志」，即根據四諦的真理進行思惟、分別；3.正語：即說話要符合佛陀的教導，不說妄語、綺語、惡口、兩舌等違背佛陀教導的話；4.正業：正確的行為。一切行為都要符合佛陀的教導，不做殺生、偷盜、邪淫等惡行；5.正命：過符合佛陀教導的正當生活；6.正精進：又稱「正方便」，即毫不懈怠地修行佛法，以達到涅槃的理想境地；7.正念：念念不忘四諦真理；8.正定：專心致志地修習佛教禪定，於內心靜觀四諦真理，以進入清淨無漏的境界。佛教也和其他宗教一樣，認為只有自己的教義才是真理，其他宗教及各派哲學都是邪見。因而把「正見」當作最根本、最重要的一道，而其餘七道則都是在正見的基礎上進行精進不懈的修行。「八正道」最初是針對婆羅門教和耆那教的苦行主義和「六師」中一些派別的享樂主義而提出的，佛陀提倡不苦不樂的中道，因此原始佛教也把「八正道」稱為「中道」。

❻五眼：即指肉眼、天眼、慧眼、法眼、佛眼。佛教認為，只有佛才能圓滿具足五眼。詳參頁27「德遵普賢」品相關注釋。

「辯才總持❶，自在無礙。善解世間無邊方便。所言誠諦❷，深入義味❸。度諸有情，演說正法，無相無為❹，無縛無脫，無諸分別，遠離顛倒❺。於所受用，皆無攝取，遍遊佛剎，無愛無厭，亦無希求不希求想，亦無彼我違怨之想。

【譯文】

「極樂世界的諸大菩薩，無不具足種種辯才，自在圓通，無障無礙，清楚了知一切眾生的根性與好惡，隨其根機，善巧說法。所說之法真切篤實，深入於義理法味。為濟度一切有情眾生，宣說如下正法：無假有之相，無造作之為，無煩惱之縛，無涅槃之想，無法界理體諸虛妄分別，遠離一切顛倒妄想。極樂世界諸大菩薩對於一切受用之物，都不執著，遍遊十方佛國世界，從無喜愛或厭惡的兩執之念；沒有希求、不希求的念頭；也沒有人我之分，更無親疏恩怨的考量。

【注釋】

❶辯才總持：即總持辯才，指具足種種善權說法的才能。「總持」亦可解為持念一切善法不失的陀羅尼，則「辯才總持」意指獲得辯才陀羅尼。

❷誠諦：即誠懇真實。

❸義味：義即義理，味即意趣。

❹無相：意指一切諸法皆無自性，本性為空，無形相可得，故稱「無相」。另據北本《大般涅槃經》卷三十「師子吼菩薩品」載，涅槃無色相、聲相、香相、味相、觸相、生相、住相、壞相、男相、女相等十相，故涅槃又稱「無相」。無為：即無造作。又作「無為法」，指非由因緣所造作，離生滅變化而絕對常住之法。原為「涅槃」的異名，後世在「涅槃」以外又立種種無為，於是產生「三無為」、「六無為」、「九無為」等說。如小乘各部派中，說一切有部立擇滅無為、非擇滅無為、虛空無為，合為「三無為」。大眾部等則於「三無為」之外，立空無邊處、識無邊處、無所有處、非想非非想處等四無色處，及緣起支性（十二緣起之理）、聖道支性（八聖道之理）等，總為「九無為」。大乘唯識宗在「三無為」外，別立不動無為、想受滅無為、真如無為，合為「六無為」等等。佛教認為，真如、法性、法界、實相等皆為無為法，而涅槃乃一切無為法中的最殊勝者。

❺顛倒：佛教術語。略稱「倒」。意指違背常道、正理，如以無常為常，以苦為樂等反於本真事理

的妄見。對於顛倒的分類，諸經論所說有二顛倒、三顛倒、四顛倒、七顛倒、八顛倒、十顛倒、十二顛倒等多種說法，茲不具述。

「何以故？彼諸菩薩，於一切眾生，有大慈悲利益心故，捨離一切執著，成就無量功德，以無礙慧，解法如如❶。善知集滅❷，音聲方便❸，不欣世語，樂在正論。知一切法，悉皆空寂。生身煩惱，二餘俱盡❹。於三界中，平等修勤，究竟一乘❺，至於彼岸。決斷疑網，證無所得❻，以方便智❼，增長了知。從本以來，安住神通。得一乘道，不由他悟。」

【譯文】

「這又是什麼緣故呢？這是因為極樂世界的諸大菩薩，對於一切眾生都有大慈悲利益之心，他們捨離了一切執著，成就了無量無盡的功德，以圓融周遍通達無礙的佛智，解知一切萬法真如實相。深刻了知苦、集、滅、道四諦之真理，以眾生能領會的音聲『方便』教化，不喜世間無義空談，而樂於講求正真佛法。諸大菩薩們了解世間、出世間一切諸法皆是虛妄。畢竟無所有，平等空寂。生身的苦報與煩惱兩種餘習都已斷盡。因此而於欲界、色界、無色界等三界之中，平等勤修，探究成佛的唯一正確之道，最終到達涅槃彼岸。他們堅決斷除疑惑之迷網的束縛，證無所得的空慧，用方便善巧之智，增長了知三乘權化之法。他們自性本具智慧神通，故能安住不移；他們所證得的一乘佛果，也是他們自心開悟的結果，絕不是從外面悟得的。」

【注釋】

❶如如：即如於真如，指不動、寂默、平等不二、不起顛倒分別的自性境界。

❷集滅：即佛教「四諦」中的「集、滅」二諦，這裡用此二諦代指「苦、集、滅、道」四諦。具體地說，苦諦，苦即三界輪迴生死逼惱之義，凡是有為有漏之法莫不皆含苦性，故佛經中說有無量眾苦，如佛教所謂「三苦」、「八苦」等說。集諦，集是積聚感招之意。說一切眾生，無始以來，由貪瞋癡等煩惱，造積善惡業因，能招感三界生死等苦果。滅諦，又名「盡諦」，為息滅、滅盡之意，滅盡三界內之煩惱業因以及生死果報，稱為「滅」，也稱「了脫生死」，從此不再受三界內的生死苦惱，達到涅槃寂滅境界，即為解脫。道諦，道即道路，指達到寂滅解脫的方法和道路。原始佛教認為道諦是指八正道。以後大、小乘又各有發展，如頁187提及的「七覺支」、「八聖道」等「三十七道品」。

❸音聲方便：意指「四諦」的教法乃是諸佛的善權方便而說，不能執著文句。

❹二餘：即生身的苦報與煩惱的業因的餘習。其中，生身是苦果，煩惱是業因。若再加業之殘餘，則為「三餘」。

❺一乘：又稱「一佛乘」，是與「三乘」相對的教法。三乘教法認為眾生在修習佛法時，有聲聞、緣覺、菩薩等三種差別，而一乘教法則認為聲聞乘與緣覺乘的教法只是一種權巧方便，並不是佛陀的本懷。佛陀為一大事因緣出世的目的，是在引導一切眾生終皆成佛。因此，以成佛為最終歸趨的一乘教法才是佛陀弘法的真正意趣所在。這種主張是《法華經》最主要的特色所在。《法華經》指出：「諸佛以方便力，於一佛乘分別說三。……十方佛土中，唯有一乘法，無二亦無三。」並且以羊車、鹿車、牛車比喻「三乘」，而以大白牛車比喻「一乘」。可見該經的主張，顯然以為「三乘法」僅是方便法門，唯有「一乘法」才是真實之教。關於「一乘法」的深意，後世天臺、華嚴、唯識、真言等宗，各有獨特的主張，茲不具述。

❻無所得：又稱「無所有」，略稱「無得」，為「有所得」的對稱。即指體悟無相之真理，內心無所執著，無所分別。反之，執著諸法差別之相，墮入有無邊邪之見，則稱「有所得」。諸法均由因緣所生，本無自性，以無自性，故無決定相可得，稱為「無所得」。此即不墮於生滅、常斷、一異、來去等四雙八計之中道正觀。《大智度論》卷十八云：「諸法實相中，受決定相不可得故，名無所得。」又菩薩永斷一切生死，出離三界，住於一切智，乃無所得大乘之至極，故菩薩亦稱「無所得」。

❼方便智：又作「權智」，為「實智」的對稱。意指行善巧方便之智。據《大乘義章》卷十九云：「知一乘真實之法，名為實智。了知三乘權化之法，名方便智。」

真實功德第三十一

本品承接上一品，繼續解說西方極樂世界諸菩薩眾自利利他的殊勝妙德。先以十五種譬喻來說明西方極樂世界菩薩們自利利他的真實功德。並在此基礎上，從正面直接陳述菩薩們的真實功德：他們心地正直，安住一乘法中，隨機權便地教化眾生，從無厭怠和疲倦，他們奉持戒律，表裡如一，故其所說佛法，皆使眾生心悅誠服。他們內心純淨沖和，遠離妄想、分別，引導眾生捨離種種貪愛執著，他們威光奕奕，內心清涼自在，法喜充滿；他們化度眾生勇猛精進，大雄無畏。因此他們時時得到十方世界一切諸佛的交口稱頌，達到了究竟圓滿的果地。

「其智宏深，譬如巨海；菩提高廣，喻若須彌。自身威光，超於日月；其心潔白，猶如雪山；忍辱如地❶，一切平等；清淨如水，洗諸塵垢；熾盛如火，燒煩惱薪；不著如風，無諸障礙；法音雷震，覺未覺故；雨甘露法，潤眾生故；曠若虛空，大慈等故；如淨蓮華，離染污故；如尼拘樹❷，覆蔭大故；如金剛杵❸，破邪執故；如鐵圍山，眾魔外道不能動故❹。

【譯文】

「極樂世界的菩薩們的智慧深邃宏遠，猶如遼闊無際的大海；其菩提覺悟之心，猶如須彌山一般的崇高偉大；他們身上所散發的威德光明，遠超日月之輝；他們的清淨無垢之心，如同聖潔純白的雪山；他們的含垢忍辱之心，又像厚德載物的大地，平等無差地包容一切；他們戒定慧的清淨修行，能如清水一樣洗除種種的塵勞垢染；他們的智慧熾盛猛利，能夠如烈火燒薪般的斷除萬般煩惱孽障；他們從不執著，遍行於諸世界，皆能如風行空一樣的自在無礙；他們宣說佛法的法音，如雷霆遠震，覺醒那些尚未覺悟的群迷眾生；他們的教法猶如甘露滋潤大地萬物一樣，普潤眾生心田；他們的心量平等慈悲，猶如虛空之寬廣無際，普遍平等地蔭庇一切眾生；他們如同出污泥而不染的蓮花一樣置身穢土，不捨眾生，以遠離五欲六塵、煩惱執著的清淨之道化導眾生；他們的慈悲胸懷猶如枝葉繁茂的尼拘樹，蔭庇眾生永離熱惱，得清涼自在；他們深具般若妙智，猶如無堅不摧的金剛杵，斷除眾生煩惱、邪見等一切不正情執；他們的信心、願力堅定不移，如牢不可破的鐵圍山一樣，一切邪魔外道皆不能動搖。

【注釋】

❶忍辱如地：即忍辱之心，猶如大地，平等無分別。《往生論註》釋「心業無分別」云：「如地負荷，無輕重之殊。」即是說，大地承載萬物，無論輕重，都一體負荷，無所揀擇，沒有分別，以比喻菩薩忍辱之德，遠離一切彼我、恩怨、違順之別。

❷尼拘樹：即尼拘律樹，又稱「尼拘類樹」、「尼拘屢樹」、「尼拘盧陀樹」、「尼拘陀樹」或「諾瞿陀樹」等，意譯為「無節」、「縱廣」、「多根」。桑科植物。多產於印度、斯里蘭卡、緬甸等南亞地區。其形狀類似榕樹，樹幹端直高大，葉呈長橢圓形，葉端為尖形，枝葉繁茂，覆地廣大。有下垂的氣根，達地後復生根而向四周擴張生長。果實似無花果，大如拇指頭，內含無數的小種子。材質堅硬耐老，多用於建築物的支柱或各種器具的橫木等。過去七佛中，第六迦葉佛據傳在此樹下成佛，並以此樹為道場樹。

❸金剛杵：原為古代印度的一種兵器，由於堅固銳利，故冠以金剛之名。密教中，金剛杵象徵摧滅煩惱之菩提心，為帝釋天、執金剛神、大力金剛、金剛手諸尊的執持物，也是密教行者修法所用的法器。最初金剛杵尖端非常銳利，用為佛教法具後，其形狀已改變許多。有金、銀、銅、鐵、石、水晶、檀木、人骨等多種質料，長八指、十指、十二指、十六指、二十指不等，形狀有獨

股、二股、三股、四股、五股、九股、人形杵羯磨金剛、塔杵、寶杵等，而以獨股、三股、五股最為常見，分別象徵獨一法界、三密三身、五智五佛等。獨股杵、三股杵、五股杵、寶杵、塔杵合稱「五種杵」。

❹外道：佛教習語。又稱「外教」、「外學」、「外法」。原意為神聖可尊敬的隱遁者，這些隱遁者的思想，依佛教的觀點來說，都是佛教以外的教法，因此意譯作「外道」。此詞原義並無貶斥意味，然至後世，漸用以指持異見邪說者的貶稱。泛指佛教以外的一切宗教。相當於儒家所謂的異端。有關外道之種類，一般多指《雜阿含經》卷四十六、《陀羅尼集經》卷一等所列舉的富蘭那迦葉、末迦利瞿舍梨子、删闍耶毘羅胝子、阿耆多枳舍欽婆羅、迦羅拘陀迦旃延、尼乾陀若提子等六師外道，以及正統婆羅門思想的六派哲學，即數論派（僧佉學派）、瑜伽派、勝論派（衛世師學派）、正理派、彌曼差學派、吠檀多派。

「其心正直，善巧決定。論法無厭，求法不倦；戒若琉璃，內外明潔；其所言說，令眾悅服。擊法鼓，建法幢，曜慧日，破癡闇。淳淨溫和，寂定明察。為大導師，調伏自他。引導群生，捨諸愛著，永離三垢❶，遊戲神通。

【譯文】

「極樂世界的菩薩們心地正直，安住一乘法中，隨機應緣，行權方便，所教所化，真實不二。為人講論佛法心無厭怠，自己追求佛法不知疲倦；奉持戒律，明淨清潔，譬如琉璃，表裡如一；意業離垢無染，德表威儀具足，故其所說佛法，皆使眾生心悅誠服。慧法遠播，猶如擊鼓，醒眾遠聞；威德摧邪，如建法幢，降魔得勝；智慧覺迷，如日遍照，盡破癡暗愚迷。內心純淨無染，沖淡謙和，遠離妄想、分別，事無巨細，莫不明察。所以堪當眾生的大導師，調伏抑制自、他之心。引導眾生，捨離種種貪愛執著，徹底拋棄貪、瞋、癡三垢，運任於神通之中，自在無礙。

【注釋】

❶三垢：即「貪、瞋、癡」三毒。

「因緣願力，出生善根，摧伏一切魔軍❶。尊重奉事諸佛，為世明燈，最勝福田，殊勝吉祥，堪受供養。赫奕歡喜，雄猛無畏。身色相好，功德辯才，具足莊嚴，無與等者。常為諸佛所共稱讚，究竟菩薩諸波羅蜜，而常安住不生不滅諸三摩地，行遍道場，遠二乘境。

【譯文】

「極樂世界的菩薩們因為過去、今生的因緣和願力，故能生出一切善根，降伏一切邪魔外道及一切煩惱。他們尊重奉事諸佛的教法，成為世間眾生破暗覺迷的明燈，成為世間眾生最為殊勝的福田，如此殊勝吉祥的智慧功德，自當得到世間眾生的悉心供養。他們威光赫赫，神采奕奕，內心清涼自在，法喜充滿；他們化度眾生勇猛精進，大雄無畏。身色形相，殊勝妙好，功德無邊，辯才無礙，具足莊嚴，如此種種，無與倫比。他們時時得到十方世界一切諸佛的交口稱頌，達到了究竟圓滿的果地，而常安住於不生不滅的涅槃正定之中，在一切道場中遍修所有功行，永遠不會落入聲聞、緣覺二乘的境界。

【注釋】

❶ 魔軍：喻指種種煩惱。如據《佛本行集經》卷二十五載，欲貪、不歡喜、飢渴寒熱、愛著、睡眠、驚怖恐畏、狐疑惑、瞋恚忿怒、競利爭名、愚癡無知、自譽矜高、恆常毀他人等為十二種魔軍。後期大乘經論也有類似說法，如《大智度論》卷五認為，欲、憂愁、飢渴、愛、眠睡、怖畏、疑、含毒、虛妄之名聞利養、自高慢他等，為十魔軍。

「阿難！我今略說，彼極樂界，所生菩薩，真實功德，悉皆如是。若廣說者，百千萬劫，不能窮盡。」

【譯文】

「阿難，我這裡只是簡略地介紹，那極樂世界中菩薩們的真實功德，大體就如我以上所說。若要廣為詳說，即使花百千萬劫的時間，也不能巨細靡遺地說盡。」

壽樂無極第三十二

本品經文繼續反覆陳說西方極樂世界中的諸大菩薩眾的殊勝功德，他們遍行十方供養諸佛，廣閱經藏，慧根猛利，法喜充滿。外表看上去安閒寬緩，不急不躁，內心卻念念相繼，精進不已。他們的志向堅定，於法無疑，自度度他，決定解脫。由以上種種殊勝功德智慧，勸諭大眾以彌陀淨土菩薩為楷模，發心往生西方極樂世界。所以在品末又述及此淨土的種種殊勝善好，認為它在十方世界之中，可謂無與倫比，以此進一步加固聞法眾生的往生願心。

佛告彌勒菩薩、諸天人等：「無量壽國，聲聞菩薩，功德智慧，不可稱說。又其國土微妙、安樂，清淨若此，何不力為善，念道之自然。

【譯文】

釋迦牟尼佛又對彌勒菩薩和與會的天人大眾說道：「西方極樂世界中的聲聞、菩薩功德智慧無量無盡，無以言表。他們的佛國淨土精微美妙，安逸和樂，清淨異常，其殊勝莊嚴，同樣無量無盡，無以言表。你們何不勉力行善，真信發願念佛求生淨土，自然就能得生那個極樂淨土。

「出入供養❶，觀經行道，喜樂久習。才猛智慧，心不中迴❷，意無懈時。外若遲緩，內獨駛急。容容虛空❸，適得其中。中表相應，自然嚴整。檢斂端直❹，身心潔淨，無有愛貪。志願安定，無增缺減，求道和正，不誤傾邪❺。隨經約令❻，不敢蹉跌，若於繩墨❼。咸為道慕，曠無他念，無有憂思。自然無為，虛空無立，淡安無欲❽。作得善願，盡心求索。含哀慈愍，禮義都合，苞羅表裏，過度解脫❾。自然保守，真真潔白。志願無上，淨定安樂。一旦開達明徹，自然中自然相❿，自然之有根本⓫，自然光色參迴⓬，轉變最勝。鬱單成七寶⓭，橫覽成萬物。光精明俱出，善好殊無比。著於無上下，洞達無邊際。

【譯文】

「極樂世界的聲聞、菩薩等，出入無礙地往來於十方世界供養阿彌陀佛及一切諸佛，閱讀經藏，修行佛法，持之以恆，法喜充滿。他們慧根猛利，才能卓世，信念堅定，永不退轉，不懈不怠，一往直前。外表看上去安閒寬緩，不急不躁，內心卻念念相繼，精進不已。心廣無邊，似若虛空無物，故能廣容萬物，無物而成其容萬物之量，適得空有俱泯，不落兩邊，從容中道。因此得於中而形於外，表裡如一，自然相應，不假安排，嚴整有度。他們時時檢點行為以使端正，刻刻收斂意念以使正直，由身及心，殊勝淨潔，而無愛欲貪染。他們的志向、誓願，堅定不移，而無忽增、忽減、忽過、忽缺之失；他們和平中正，以求無上至道，不會為一切邪知邪見所迷惑。他們依照佛的經典教誡來約束自己的身口意三業，所以他們的思想、行為都不會失足踰界，如同木工嚴格遵循墨線而施斧鋸，不敢有毫釐之差。他們所仰慕的，皆是正真至道，其心曠達深遠，而無絲毫妄想雜念，於世無慮，於法無疑，故無憂慮之思攪擾牽纏。他們於無為法中，自然安住，心如虛空，開廣無際，離垢無染，無法可立，淡泊安寧，無妄念貪欲。以此結成大願，精進修行，以求成就。他們心懷慈悲哀憫，符契世間道德，所行之事，所達之理，莫不融洽圓滿，自度度他，均得出離生死，徹底解脫。他們任運自然，保守絕待真心，無垢無染。他們還有上求下化、至高無上的心願，故能住於清淨寂定之中，安然自適，任運常樂。如此日積月累，便能在一剎那之間豁然開悟，明徹了達自性本然之實相，頓見真如自性之根本，自然出生無量光明色相，相參互入，迴轉交融，千變萬化，超踰十方眾寶，殊勝難言。就如同那北俱盧洲的一切萬物，皆由自然七寶所成，因為阿彌陀佛大願加持，十方虛空之中，萬物自然湧現，光明、精妙、明淨之一切妙相，一時並現；其殊勝善好，在十方世界之中無與倫比。所證之理體，本來平等，無有高下；智契之真諦，沒有邊際，不可窮竭。

【注釋】

❶出入供養：「出」指遍行十方世界供養他方一切諸佛；「入」返回極樂世界供養本師阿彌陀佛。

❷中迴：即「中悔」，指信仰不堅固，先信後疑。也可解為中途退轉。

❸容容：和同、寬容。

❹檢斂：檢點行為，收斂身心。

❺不誤傾邪：不誤於傾邪，也即不為傾邪所誤。「誤」指迷惑，「傾邪」指一切邪知邪見。

❻隨經約令：即隨順佛的經典、教誡，約束自己的心行。「隨」即隨順，「經」即佛之經教，「約」即約束，「令」即誡令。

❼繩墨：木工取直的工具，後藉以比喻法度、規矩。

❽淡安：即淡泊安寧。

❾過度：即自度度他之意。意指自行脫離生死煩惱，同時又使人脫離生死煩惱。

❿中：契合。自然相：自性本然之實相。

⓫根本：真如自性之本體。

⓬參迴：「參」即參差交錯，「迴」即迴轉交融。

⑬ 鬱單：「鬱單越」的簡稱，即北俱盧洲，為須彌四洲之一，也是須彌四洲中果報最殊勝的一洲。據《俱舍論》卷十一等所載，北俱盧洲位於須彌山北之鹹海中，洲形正方，每邊各長二千由旬，狀如盒蓋，由七金山與大鐵圍山所圍繞，黃金為地，晝夜常明。其地具有平等、寂靜、淨潔、無刺等四德。該洲人民面形正方，面色相同，身高都高達一丈四尺，生活平等安樂。此洲器物多為金銀、琉璃、水晶所成，物皆共有，也沒有盜賊、惡人以及爭鬥訴訟等事情發生。此洲人民都居住於林樹之下，男女異處而居，無有婚姻，若起淫欲，共相娛樂。女子懷妊，七、八日即產子，置之道路，四方來者皆共育養，予以指頭吮之，乳汁自出。七日之後即長大，如閻浮提人之二十歲，壽足千年。命終之後，即生忉利天或他化自在天。諸經論有關此洲的記載極多，所載者不盡一致，但都以此洲為四洲之最勝處。

「宜各勤精進，努力自求之，必得超絕去，往生無量清淨阿彌陀佛國。橫絕於五趣，惡道自閉塞。無極之勝道，易往而無人。其國不逆違，自然所牽隨。捐志若虛空，勤行求道德。可得極長生，壽樂無有極。何為著世事，譊譊憂無常❶。」

【譯文】

「你們應各自精進勤修，努力自為，求生淨土，徹證本心，圓滿佛智，如此必能超脫輪迴，斷除生死，往生無量清淨的阿彌陀佛淨土。娑婆五趣，一時頓絕，六道輪迴之門，自然永閉。淨土法門，勝德深廣，究極方便，然而於穢土修行、信願往生的人卻少之又少。西方淨土對於十方眾生從來不逆不違，其所以信願往生的人少之又少，實因穢土中人，久在煩惱纏縛之中，而無厭離之心的緣故。若能捐除煩惱，志如虛空，一法不立，無垢無染，精進修行，求得正道而不失去，便可以獲得真正的長生不死，壽命與快樂皆無有極限。明曉此理，為什麼還要貪著世間俗事俗利，沒完沒了地爭競喧鬧，為世間本屬無常的煩惱瑣事所牽擾折磨呢？」

【注釋】

❶ 譊譊：爭競喧鬧之意。

勸諭策進第三十三

本品承接上品，進一步勸諭眾生發往生極樂淨土之願，念佛往生，故名「勸諭策進」。上一品著重講述西方極樂世界的殊勝超絕，淨定安樂，以令大眾生欣慕嚮往之心，從而發願往生。本品則由上一品「何為著世事，譊譊憂無常」轉入，著重講述娑婆世界的種種穢惡，眾生業障深重，貪瞋癡三毒熾盛，故由惑造業，苦報無盡，沉淪三途惡道苦海，痛不可言。由此勸諭眾生，生發厭離娑婆世界之心，並進一步遠離各種惡業，擇善而從，精勤修行，求生極樂世界。

「世人共爭不急之務❶，於此劇惡極苦之中，勤身營務，以自給濟。尊卑、貧富、少長、男女，累念積慮，為心走使❷。無田憂田，無宅憂宅。眷屬財物，有無同憂❸。有一少一，思欲齊等。適小具有，又憂非常❹，水火盜賊，怨家債主，焚漂劫奪，消散磨滅。心慳意固，無能縱捨。命終棄捐，莫誰隨者？貧富同然，憂苦萬端。

【譯文】

「世間的人們都在為那些無關緊要的俗事而蠅營狗苟，在痛苦不堪的五惡世間之中，辛勤勞作，經營生計，以求自給，以度餘生。芸芸眾生之中無論尊卑、貧富、長幼、男女，無不在愚癡貪欲之心的驅使之下，苦心積慮，憂念重重，奔波勞碌，身心難安。沒有田地的操心如何得到田地，沒有房屋的煩惱如何得到房屋，家眷、親屬、財產、珍寶，種種身外之物，沒有的時候處心積慮，盤算鑽營，必欲據為己有；得到了又憂心忡忡，思前想後，擔心人去財空。總之是欲壑難填，患得患失。得到了一些，又得隴望蜀，而與他人看齊。剛剛擁有了一些，立時又擔心遭遇意外的橫禍天災，比如火災焚燒，水災漂流，強盜劫奪，賊人偷竊，冤家復仇，債主逼帳，凡此種種，皆可於頃刻之間，使所得財富，蕩然無存。慳吝之心，貪婪之念，不會隨財物消散磨滅而泯滅，相反會愈發的放不下、捨不得。但是在命終之時，全部都將煙消雲散，哪一樣可以帶走呢？無論貴賤貧富，於此概莫能外，個中憂苦，萬端無盡。

【注釋】

❶不急之務：無關緊要的瑣事俗務。
❷為心走使：即為妄惑貪欲之心所驅使。
❸有無同憂：即有也憂、無也憂，患得患失。意指沒有的時候處心積慮，操心如何據為己有；得到了又憂心忡忡，思前想後，擔心人去財空。
❹非常：意外的災禍。即指本經下文提到的「水火盜賊，怨家債主，焚漂劫奪，消散磨滅」等。

「世間人民，父子兄弟，夫婦親屬，當相敬愛，無相憎嫉。有無相通，無得貪惜。言色常和，莫相違戾。或時心諍，有所恚怒，後世轉劇，至成大怨。世間之事，更相患害。雖不臨時❶，應急想破。人在愛欲之中，獨生獨死，獨去獨來，苦樂自當，無有代者。善惡變化，追逐所生❷，道路不同，會見無期。何不於強健時，努力修善，欲何待乎？

【譯文】

「世間人民，包括父子、兄弟、夫婦、親屬等等，都應當相互尊敬友愛，不可彼此憎恨嫉妒；都應當互幫互助，互通有無，受不貪求，施不吝惜；都應當說話和氣，和顏悅色，不可背逆乖戾。一時生起爭訟之心，心裡不免瞋恚忿怒，惡意積累，愈演愈烈，最終難免結成深仇大恨。世間若冤冤相報，因果循環，互為禍害，終無了時。報應即使不立即顯現於當時，但因果相生，從來不爽，決當報應於後世。眾生應當及早參透此理。世人沉溺在情愛貪欲之中，卻不知生是孤身來，死時獨自去，無人相隨，無人能代，苦樂之果報，都是自作自受，亦無人能代。善與惡的因果報應，千變萬化，因生果隨，絲毫不爽。作業不同，善惡有別，善有善報，惡有惡報，輾轉六道之中，故臨終之別，終無重逢之期。何不趁此強健在世之時，精勤努力，修行善道，除此之外，還要等什麼解脫之道呢？

【注釋】

❶ 臨時：意指立即顯現於當時。

❷ 追逐所生：指所生之處果報追隨不捨，根據善惡業因，感得善惡果報，絲毫不爽。

「世人善惡自不能見，吉凶禍福，競各作之。身愚神闇，轉受餘教❶。顛倒相續，無常根本。蒙冥抵突❷，不信經法。心無遠慮，各欲快意。迷於瞋恚，貪於財色，終不休止，哀哉可傷！

【譯文】

「世間之人愚癡冥頑，不明何者為惡，何者是善，各逞己意，妄加分別，競相造作惡業，身心愚昧，精神昏暗，不正信因果，不信受經法，反而接受其他的外道邪說。如此顛倒之見，相續不絕，即成為沉溺生死無常輪迴的根本所在。眼暗心迷，卻一味胡衝亂闖，難免觸事違逆，事理淆亂。不信受佛教經法，心無遠慮，一心追求當下快意、即時之樂。為瞋恚之氣所迷惑，貪婪執著於財色，肆無忌憚，無休止地造業，沒有終了之時，實在是可悲、可憐！

【注釋】

❶ 餘教：泛指一切不能使人了脫生死、往生極樂的外道邪說。

❷ 蒙冥抵突：意指心不明、眼不亮，一味胡衝亂闖，而與實相事理相違逆。

「先人不善，不識道德，無有語者❶，殊無怪也。死生之趣，善惡之道，都不之信，謂無有是。更相瞻視，且自見之。或父哭子，或子哭父，兄弟夫婦，更相哭泣。一死一生，迭相顧戀；憂愛結縛，無有解時。思想恩好，不離情欲，不能深思熟計，專精求道，年壽旋盡，無可奈何！惑道者眾，悟道者少。各懷殺毒，惡氣冥冥。為妄興事，違逆天地，恣意罪極，頓奪其壽，下入惡道，無有出期。

【譯文】

「祖上不知行善積德，不懂道德功業，不以善惡因果報應之理教導後輩，如此世代惡業相襲，癡頑無知，就沒有什麼可奇怪的了。對生死輪迴之理，善惡報應之道，完全不能相信奉受，甚至視若無物。這個道理如果仔細觀察，從自家身邊也不難見到。在臨終死別之際，或父死子哭，或子死父哭，兄弟、夫婦等親屬死別之時，莫不相互哭泣。生生死死之際，親人之間無不彼此眷戀難捨，昔日恩愛，化為今日憂苦，如繩糾結，自相牽纏，無有解脫之時。思念生前的恩愛友善，其實無不源於情欲的支配。如果對此不能深思熟慮，精勤專一地修行佛道，則人之生命轉瞬即盡，到時只能徒感無可奈何了！世間不理解佛法正道的人很多，而真正覺悟得道的人很少。各人心懷殘傷他人的毒念，惡氣熾盛，冥冥昧昧，由此妄心造作種種事端，違逆天心人意，肆無忌憚地造罪，乃至罪大惡極，果報顯現之時，必將頓時之間奪其陽壽，墮入地獄、餓鬼、畜生三惡道，所受報應，無有窮極。

【注釋】

❶語（ㄩˋ）：告知，告誡。

「若曹❶當熟思計，遠離眾惡，擇其善者，勤而行之。愛欲榮華，不可常保，皆當別離，無可樂者。當勤精進，生安樂國。智慧明達，功德殊勝。勿得隨心所欲，虧負經戒，在人後也。」

【譯文】「你們應當深思熟慮，以遠離各種惡業，擇善而從，精勤修行。當知世間榮華富貴不可長久保持，一切浮華終將離你而去，根本不能給人帶來真正的快樂。你們應當勤奮精進，求生極樂世界。如得往生淨土，則智慧明了通達，成就殊勝功德。千萬不要隨心所欲，辜負佛之經教戒行，落於他人之後。」

【注釋】

❶若曹：同「爾曹」，意指你們。

心得開明第三十四

本品在前兩品釋迦牟尼佛從正反兩方面講述眾生當厭離六道、欣悅淨土道理的基礎上，指出彌勒領會佛陀深善教誨，心開意解，認為與會會眾都能承蒙世尊慈悲之恩，聞法解脫，出離於六道輪迴之憂苦。佛陀由此進一步為彌勒等會眾垂訓說法，要求大眾應當斷惑念佛，知苦修善，以自利利他精神，精進勤苦，轉相拯濟，如此則能往生極樂淨土，得往生淨土的種種之利，如壽樂無極、受用隨意等等。切忌疑惑反悔，自造罪業，以免往生到西方極樂淨土邊地的七寶疑城，在五百年中，承受不得見佛、法、僧三寶，不得聞聽佛法等等的惡果。

彌勒白佛言：「佛語教戒，甚深甚善，皆蒙慈恩解脫憂苦。佛為法王❶，尊超群聖。光明徹照，洞達無極，普為一切天人之師。今得值佛❷，復聞無量壽聲❸，靡不歡喜，心得開明。」

【譯文】

彌勒菩薩向釋迦牟尼佛稟白道：「佛陀所說教誡，十分深刻非常善巧，我等會眾都蒙佛慈悲之恩，得聞佛法要旨，以解脫於六道輪迴之憂苦。佛為法王，智慧慈悲超過諸天聖人，至尊至上。佛法光明，徹照十方，洞達無極，因此堪為一切有緣眾生的大導師。今日於此有幸見佛說法，殊為難得，又得聽聞有關無量壽佛的名號，大家沒有一個不歡欣鼓舞的，我們因此得以心開意解，明了自性本具佛智。」

【注釋】

❶法王：佛的尊稱。「王」有最勝、自在之義，佛為法門之主，能自在教化眾生，故稱「法王」。後來也引申為對菩薩、閻王及西藏、日本之某些佛教領袖的稱呼。這裡指前者，即「佛」。

❷值：即遇到、適逢之意。

❸無量壽聲：指佛陀在此次法會中宣說的有關阿彌陀佛及其淨土的經教，也可指阿彌陀佛的名號本身。

佛告彌勒：「敬於佛者，是為大善，實當念佛，截斷狐疑，拔諸愛欲，杜眾惡源。遊步三界，無所掛礙，開示正道，度未度者。

【譯文】

釋迦牟尼佛對彌勒菩薩說：「恭敬佛的人，皆是有大善根的人，都應當誠心念佛，斷除疑惑猜忌，拔除貪愛執著，杜絕種種惡念得生的源頭。即使奔走遊化於三界穢土，也能無所牽掛，無所障礙，向眾生開示演說佛法正道，度化那些還未得度化的有情眾生。

「若曹當知十方人民，永劫以來，輾轉五道，憂苦不絕。生時苦痛，老亦苦痛，病極苦痛，死極苦痛。惡臭不淨，無可樂者。宜自決斷，洗除心垢，言行忠信，表裏相應。人能自度，轉相拯濟。至心求願，積累善本。雖一世精進勤苦，須臾間耳。後生無量壽國，快樂無極，永拔生死之本，無復苦惱之患，壽千萬劫，自在隨意。宜各精進，求心所願，無得疑悔，自為過咎，生彼邊地❶，七寶城中❷，於五百歲受諸厄也。」

【譯文】

「你們應當知道，十方世界的人民，從無量劫以來，輾轉輪迴於天、人、畜生、餓鬼和地獄五道，沉淪生死，煩憂苦痛，自始不絕。誕生之時有『生苦』之痛，衰老之時有『老苦』之痛，病患之時有『病苦』之痛，壽終之際有『死苦』之痛。身體臭惡而不清淨，實在無樂可言。你們應當自下決心，洗滌心中的垢染，言語行為皆當忠誠守信，表裡如一。如此方能自行度脫，由自度轉而拯救濟度他人。一心求願往生淨土，積功累德，斷惡修善。雖一生一世精進修行十分勤苦，但這一生之苦，較之一個人的生生世世，只猶如片刻之間。此生之勤苦，使後世得以往生無量壽國，享受無窮無盡的快樂，拔除生死根本惡因，遠離苦病煩惱之患，壽命長達千萬時劫，自在神通，諸事隨心所欲。你們應各自精進勤修，一心淨土，對於所求所願，不要疑惑反悔，自造罪業，以免往生到西方極樂淨土邊地的七寶疑城，在五百年中，承受不得見佛、法、僧三寶，不得聞聽佛法等等的厄運。」

【注釋】

❶ 邊地：位於西方極樂世界邊隅的一個地方，又名「胎宮」，往生到那裡的人，五百歲間不得見聞三寶。詳參本經第四十「邊地疑城」品。

❷ 七寶城：即「七寶獄」，由七寶建成的牢獄。詳參本經第四十一「惑盡見佛」品。

彌勒白佛言：「受佛明誨，專精修學，如教奉行，不敢有疑。」

【譯文】彌勒菩薩向佛稟白說：「今天我們領受了佛明白完備的教誨，定當專一學習，精進修行，按佛的教導誠心奉行，不敢生出絲毫懷疑。」

濁世惡苦第三十五

本品承接第三十三「勸諭策進」品，更加細緻梳理講述娑婆世界的種種穢惡痛苦。本品提出，「惡」有「五惡」，即殺生惡、盜惡、邪淫惡、妄語惡、飲酒惡。由此「五惡」，導致「五痛」、「五燒」之苦。具體而言，造作「五惡」之人，在現世之中，由王法懲治其罪，使其身遭厄難，稱為「五痛」；其於未來世三途惡道輾轉受報，其痛苦情狀，猶如烈火焚身，稱為「五燒」。本品意在勸誡眾生明了世間一切事實真相，認清現實環境，斷惡離苦，奉持「五善」，從而離苦得樂。

佛告彌勒：「汝等能於此世，端心正意，不為眾惡，甚為大德。所以者何？十方世界善多惡少，易可開化。唯此五惡世間❶，最為劇苦。我今於此作佛，教化群生，令捨五惡，去五痛❷，離五燒❸，降化其意❹。令持五善❺，獲其福德。何等為五？

【譯文】

釋迦牟尼佛告訴彌勒菩薩說：「你們能於此濁世之中正心誠意，不行種種惡業，堪稱『大德』。為什麼這樣說呢？十方諸佛世界善多惡少，容易開導教化，唯有此五惡世間，痛苦最為深重最大最多。我現在此作佛，教化眾生，令他們捨棄五惡，除去五痛，永離五燒，降伏轉化眾生的貪瞋癡等一切的惡念。教他們受持五善（五戒），教他們如何獲得福德。這五惡、五痛、五燒、五善都包括了什麼呢？

【注釋】

❶五惡：五戒所反對的五種惡行，即殺生、偷盜、邪淫、妄語、飲酒。

❷五痛：指因造作五惡，而在現世之中所遭受的厄難、苦痛。

❸五燒：指因造作五惡，而在來世所遭受的沉淪鬼、畜、地獄三惡道的苦報。

❹降化其意：降伏轉化眾生貪瞋癡等一切的惡念。

❺五善：奉持五戒之行，即不殺生、不偷盜、不邪淫、不妄語、不飲酒。

「其一者，世間諸眾生類，欲為眾惡，強者伏弱，轉相尅賊，殘害殺傷，迭相吞噉❶。不知為善，後受殃罰。故有窮乞、孤獨、聾盲、瘖瘂、癡惡、尪狂❷，皆因前世不信道德、不肯為善。其有尊貴、豪富、賢明、長者、智勇、才達，皆由宿世慈孝，修善積德所致。世間有此目前現事，壽終之後，入其幽冥，轉生受身，改形易道，故有泥犁、禽獸、蜎飛蠕動之屬❸。譬如世法牢獄，劇苦極刑，魂神命精，隨罪趣向。所受壽命，或長或短，相從共生，更相報償。殃惡未盡，終不得離，輾轉其中，累劫難出。難得解脫，痛不可言。天地之間，自然有是，雖不即時暴應❹，善惡會當歸之。

【譯文】

「第一，世間的普羅大眾，為了滿足自己的種種欲望而造作種種惡業，強者欺凌弱者，強者又有更強者欺凌他，輾轉相欺，殘害傷殺，弱肉強食，大的吞食小的，吞食者又被更大的所吞，無有窮竭。這都是由於不懂得相互為善的道理，造作惡業必將受到災殃的懲罰。所以，這世間就有貧窮乞丐，有幼失父母，有老無兒女，有聾有瞎，有啞有癡，有惡毒，有殘廢，有瘋狂，凡此種種，無一不是因為前世不信因果報應，不積功德，不行善業而所遭受的懲罰。另一方面，世間也有人尊貴，有人豪富，有人賢明，有人壽長，有人智勇雙全，有人才精藝深，這都是由於他們在前世行慈盡孝、修善積德所得的善果。世間有此觸目可見的果報之事，更有壽終之後下到冥界後不可見的尤為深劇的果報，在冥界轉生投胎又隨其業力而受色身，改變了原來的形相，在六道之中輪迴轉世，因此，便有地獄、禽獸、飛蠅、爬蟲之類的不同身形。這就猶如世間的牢獄一樣，受到劇苦極刑的懲罰，他們的神魂精魄，與自己前生所造的罪業如影隨形。所得到的壽命無論長短，過去的冤家債主總是互相追隨，世世同生一處，定將前世的怨仇債務，一一報償，絲毫不爽。只要所做的殃惡未能償盡，則業因報身終不能離，如此輾轉往復於惡趣之中，累世不得解脫，其中深痛劇苦，難以言表。天地之間，因果之事自然如影隨形，有其因必有其果，分毫不爽，有時雖不即時報應，但善因善果，惡因惡果，因緣會合時，無不兌現。

【注釋】

❶吞噉：即吞食。

❷尪狂：「尪」有瘸跛、孱弱等意。「狂」即瘋狂、瘋癲。

❸泥犁：又作「泥黎」、「泥梨」，意即地獄。該處沒有任何喜樂之類，是十界之中最惡劣的境界。

❹暴應：即即時而至的報應。暴，有急猛突然之義。

「其二者，世間人民不順法度，奢淫驕縱，任心自恣。居上不明，在位不正，陷人冤枉，損害忠良，心口各異，機偽多端。尊卑中外❶，更相欺誑，瞋恚愚癡，欲自厚己。欲貪多有，利害勝負，結忿成讎，破家亡身。不顧前後。富有慳惜，不肯施與。愛保貪重，心勞身苦。如是至竟，無一隨者。善惡禍福，追命所生，或在樂處，或入苦毒。又或見善憎謗，不思慕及，常懷盜心，悕望他利❷，用自供給，消散復取。神明剋識❸，終入惡道，自有三途無量苦惱，輾轉其中，累劫難出，痛不可言。」

【譯文】

「第二，世間人民不遵守法律規則，奢侈淫樂，驕橫放縱，為一己私欲而為所欲為。身居上位的官僚不能明察下情，律己正身，反而心行不正地誣陷他人，使人蒙受冤屈，陷害忠良之士，阿諛權貴，口是心非，投機取巧，詭詐虛偽。這世間無論尊卑上下，內外親疏，都概莫能外地互相欺瞞誑騙，以瞋癡二毒，助長貪心。為了占有更多的利益，不惜以利相侵，互相算計謀害，損人肥己，於是結忿成仇，甚至家破人亡。這都是不顧前因後果的報應之理而造成的惡果。世間那些富有者，無不對財物慳吝貪惜，不肯施捨財物於人。愛欲堅牢，貪心深重，終生身心勞苦，就這樣一直到死。到了壽命終盡之時，財物一樣也不能帶走。唯有一生所造的善惡禍福之業力，卻如影隨形地追隨他到下一個輪迴往生之處，或者作善得福而能於樂處往生，或者作惡得禍而入苦毒惡道。還有人見人之善，不僅沒有見賢思齊的敬慕之心，反而憎惡心起，妄加誹謗，胸中常懷侵奪盜取之心，企圖以他人之財物供己享用，揮霍完了，又重去盜取。凡此種種罪業，當然逃不脫神明的功過記錄，必將墮入三惡道，遭受三途惡道的無量苦惱，如此反覆輾轉於三惡道之中，曠劫累世也難以脫出，其深痛劇苦，難以言表。

【注釋】

❶中外：即親疏，與前「貴賤」連稱，意指無論親疏貴賤。「中」指自己人、家中人。「外」指外人。

❷悕望：即「希望」。

❸神明尅識：「神明」這裡指與人並生的司人善惡的神靈，因其與人並生，又稱「俱生神」。晉譯《華嚴經》曰：「如人從生，有二種天，常隨侍衛。一曰同生，二曰同名。天常見人，人不見天。」《藥師經》曰：「有俱生神，具書罪福，與閻魔王。」又本經《嘉祥疏》曰：「一切眾生皆有神，一名同生，二名同名。同生女在右肩上書其作惡，同名男在左肩上書其作善。」「尅」又作剋、克，即必定。「識」指記錄。

「其三者，世間人民，相因寄生，壽命幾何？不良之人，身心不正，常懷邪惡，常念淫泆❶，煩滿胸中，邪態外逸，費損家財，事為非法。所當求者，而不肯為。又或交結聚會，興兵相伐，攻劫殺戮，強奪迫脅。歸給妻子❷，極身作樂❸。眾共憎厭，患而苦之。如是之惡，著於人鬼，神明記識，自入三途。無量苦惱，輾轉其中，累劫難出，痛不可言。

【譯文】

「第三，世間人民，由於相互之間的宿業因緣而出生於世，壽命能有多長？不良之人，身心不正，常懷邪惡狠毒之心，常沉溺於淫欲放蕩，煩惱憒潰充塞胸中，淫邪放蕩之醜態溢於言表，揮霍耗損家中財產，以造作非法不義勾當。應當努力追求的正業，反而視若無物，不肯親力而為。或者是交結狐朋，聚集邪徒，動刀動槍，互相攻伐，侵掠殺戮，武力脅迫，強取豪奪。如此種種惡行所得不義之財，拿來給自家妻妾兒女享用，不知疲倦地尋歡作樂。世間人眾對此憎惡討厭，以其為災星禍源並遭受痛苦。這些惡人，罪惡昭彰，人鬼共憤，神明自會記錄下他的罪行，命終之後必然會墮入三惡道以受無量苦惱。如此反覆輾轉惡道之中，累劫難得出離，其深痛劇苦，難以言表。

【注釋】

❶淫泆：「淫」即邪淫，「泆」即放蕩。

❷歸給（ㄐㄧˇ）：拿來供給，意指取悅。
❸極身：縱情而不知疲倦。

「其四者，世間人民不念修善。兩舌、惡口、妄言、綺語。憎嫉善人，敗壞賢明，不孝父母，輕慢師長，朋友無信，難得誠實。尊貴自大，謂己有道，橫行威勢，侵易於人，欲人畏敬，不自慚懼，難可降化，常懷驕慢，賴其前世，福德營護。今世為惡，福德盡滅，壽命終盡，諸惡繞歸。又其名籍，記在神明，殃咎牽引，無從捨離，但得前行，入於火鑊❶，身心摧碎，神形苦極。當斯之時，悔復何及。

【譯文】

「第四，世間人民不願修善積德，卻一門心思撥弄是非，惡語傷人，假話連篇，淫辭豔語，誘人行邪。他們還憎恨嫉妒善人的才德，中傷敗壞賢明之人的名聲，不孝敬父母，輕視慢待老師，與朋友交而無信，真誠信實，難得一見。他們還誇伐自大，妄稱自己有道在身，橫行霸道，仗勢欺人，企圖以此來使他人對自己畏懼敬重，俯首聽命，可謂不知羞慚，不知戒慎恐懼，桀驁不馴，難以降伏教化，常懷自大傲慢之心，而渾不自知這只是依靠前生所修福德的庇護，方才沒有立時報應而已。他今生今世作惡多端，前世辛勤修得的福德終歸消耗殆盡，待到命終之時，種種惡業必將纏隨著他一併歸去。神明昭彰，他的名姓籍貫，無一例外地被登記在冊，其所造災殃罪業，無一例外地牽引纏隨著他，根本無計脫身，只要往前走，就必然進入到獄火湯鑊之中，身心被摧毀破碎，精神肉體痛苦不堪。到了這個時候，自然追悔莫及了。

【注釋】

❶火鑊：「火」指獄火，「鑊」指鑊湯。據《觀佛三昧海經》卷五載，陰間有鑊湯地獄，即以鍋鑊煮沸湯，置罪人於其中，以懲其生前罪行。此地獄共有十八鑊，每一鑊縱廣皆四十由旬，有七重之鐵網，其內充滿沸鐵。有五百羅剎，以大石炭燒其銅鑊，其火焰焰相承，在地獄六十日（即此娑婆世界的十二萬年）而不滅。係眾生毀佛戒法、殺生祠祀、為食肉焚燒山野而傷害眾生、燒煮生類等所招感而得的果報。

「其五者，世間人民徙倚懈怠❶，不肯作善，治身修業。父母教誨，違戾反逆，譬如怨家，不如無子。負恩違義，無有報償。放恣遊散，耽酒嗜美，魯扈抵突❷，不識人情，無義無禮，不可諫曉。六親眷屬，資用有無，不能憂念。不惟父母之恩❸，不存師友之義。意念身口，曾無一善。不信諸佛經法，不信生死善惡。欲害真人❹，鬥亂僧眾，愚癡蒙昧，自為智慧。不知生所從來，死所趣向，不仁不順，希望長生。慈心教誨，而不肯信，苦口與語，無益其人。心中閉塞，意不開解。大命將終，悔懼交至。不豫修善，臨時乃悔，悔之於後，將何及乎？

【譯文】

「第五，世間人民，心無定見，不思進取，懈怠懶惰，苟安自利，不為善行，不思修身，不務正業。父母諄諄教誨，一概違背忤逆，形同冤家對頭，有此兒女，實不如無。他們辜負父母養育之恩，違背世間禮義，對父母的種種恩德，全無報答之心。他們恣肆放蕩，遊樂散漫，好酒貪杯，嗜好美味，粗魯無知，驕揚跋扈，胸無大志，妄作冥行，不近人情，毫無禮義，無法勸導，也難以理喻。他們對家親眷屬的生活日用所需，全然不顧，對於父母之恩師友情義，從不感念。他們心常念惡，口常言惡，身常行惡，可謂無善可言。他們不信奉諸佛的經教法言，不信生死輪迴，善惡有報。甚至還有犯五逆重罪殺害阿羅漢的念頭，離間僧眾以使之爭鬥，蒙昧無知，反而自以為聰明。不知道生從何處而來，死後又到何方去，為人處事，不知仁愛和順，卻癡心夢想著長生不老。以慈悲之心教誨他，也不肯相信；苦口婆心勸勉他，也無動於衷。他們的心因癡愚冥頑而閉塞不通，自然對善意良言不能心開意解。到了生命將要終結之時，後悔恐懼交相迭至。不早做準備，修善積德，死到臨頭方生後悔，可為時已晚，怎麼能追悔得及呢？

【注釋】

❶ 徙倚：意為徘徊、逡巡。這裡意指心無定見，不思進取。

❷ 魯：粗魯無知。扈：跋扈自大。抵突：即胡衝亂撞，妄作冥行。參見第三十三「勸諭策進」品之「蒙冥抵突」注釋。

❸ 惟：思慮。

❹ 真人：已證得真理的人，即指阿羅漢與佛。

「天地之間，五道分明。善惡報應，禍福相承。身自當之，無誰代者。善人行善，從樂入樂，從明入明。惡人行惡，從苦入苦，從冥入冥。誰能知者？獨佛知耳。教語開示，信行者少。生死不休，惡道不絕。如是世人，難可具盡。故有自然三途，無量苦惱，輾轉其中，世世累劫，無有出期，難得解脫，痛不可言。如是五惡、五痛、五燒，譬如大火，焚燒人身，若能自於其中一心制意，端身正念，言行相副，所作至誠，獨作諸善，不為眾惡，身獨度脫，獲其福德，可得長壽泥洹之道。是為五大善也。」

【譯文】

「天地之間，五道（天、人、餓鬼、畜生、地獄）生死流轉，因果分明。行善作惡，皆得其果，為善得福，作惡遭罰，絲毫不爽。這些禍福果報，均由本人承當，他人無可替代。善人行善，樂於行善，必得樂果；明達樂施，自可層樓更進，前景光明。惡人作惡，由苦而入，苦上加苦；愚癡作業，必更愚癡。因果報應不爽的所以然之理有誰能知？唯獨只有佛能知其根源。佛宣說教化之語，開顯真實事相，對此信受不疑而依此篤行的人實在太少。所以世間生死輪迴永無休止，輾轉於三途惡道者絡繹不絕。像這樣的世間人眾，一言難盡。所以才有三惡道的無量苦惱，眾生輾轉其中，曠劫累世，難得解脫，其間深痛劇苦，難以言表。這樣的五惡、五痛、五燒，猶如大火焚身，若有人能在五痛五燒之中，專心一志，克制貪瞋癡諸惡，端正其行為思想，言行一致，誠意篤行，專行善事，不做惡事，其人之身便獨得度脫，得到相應的福德，獲得真正長生不死的涅槃之道。這才是真實的五大善啊。」

重重誨勉第三十六

上一品著重揭明「五惡」、「五痛」、「五燒」輾轉相生之禍。本品承接上品，進一步指出，造作惡因，必得惡果，或者今世就得現報，先遭重病災殃折磨，求生不得，求死不能，或者在其壽終之後，墮入三途惡道之中，憂懼痛苦，酷烈慘毒，自業之火，焦灼燒身。宿世的冤家債主還將再次聚首，互相傷害殘殺。惡因惡果，所謂天網恢恢，疏而不失，以使聞經大眾心生戒懼警惕，不敢胡作妄為。在此基礎上，奉勸眾生應當自行端正己身，不要順逐嗜好欲望，要專一心志，精進修行。

佛告彌勒：「吾語汝等，如是五惡五痛五燒，輾轉相生，敢有犯此，當歷惡趣。或其今世，先被病殃❶，死生不得，示眾見之。或於壽終，入三惡道，愁痛酷毒，自相燋然❷，共其怨家，更相殺傷。從小微起，成大困劇。皆由貪著財色，不肯施惠；各欲自快，無復曲直；癡欲所迫，厚己爭利；富貴榮華，當時快意；不能忍辱，不務修善；威勢無幾，隨以磨滅。天道施張，自然糺舉。煢煢忪忪❸，當入其中。古今有是，痛哉可傷。

【譯文】

釋迦牟尼佛對彌勒說：「我告訴了你們五惡、五痛、五燒輾轉相生的道理，若還有人敢於犯此五惡，將來必定墮入惡道，長劫受苦，很難出離。有的今世就得現報，先遭重病災殃折磨，求生不得，求死不能，讓世人都能見到惡有惡報的後果。有的則是在其壽終之後，墮入三途惡道之中，憂懼痛苦，酷烈慘毒，自業之火，焦灼燒身，宿世的冤家債主還將再次聚首，互相傷害殘殺。這些怨恨往往都是從微不足道的業因而起，愈演愈烈，最終釀成重災大禍。凡此種種，都因緣有自：貪財戀色，不肯布施；只求一己之樂，不管是非曲直；甘受愚癡貪婪之心驅使，損人利己，不擇手段；富貴榮華家業，滿足一時快意；不願忍辱精進，不能修善積德，縱有威權重勢，旋即便磨滅殆盡。因果報應的天理，自然施立，昭彰不爽，自會審察裁決其人所為。無論其顯得如何孤獨無靠，失措驚惶，當入惡道，就決定隨業墮入三惡道。古往今來，其例多有，何等痛心，何等感傷！

【注釋】

❶ 被（ㄆㄧ）：同「披」，意指遭受。
❷ 自相燋然：意指被自己的惡業所招感的烈火焦灼燒身。燋，即灼燒。
❸ 煢煢：孤獨無靠的樣子。忪忪：驚惶失措、心悸不安的樣子。

「汝等得佛經語，熟思惟之，各自端守，終身不怠。尊聖敬善，仁慈博愛，當求度世，拔斷生死眾惡之本，當離三途、憂怖苦痛之道。若曹作善，云何第一？當自端心，當自端身，耳目口鼻，皆當自端。身心淨潔，與善相應。勿隨嗜欲，不犯諸惡，言色當和，身行當專。動作瞻視，安定徐為。作事倉促，敗悔在後。為之不諦❶，亡其功夫。」

【譯文】

「你們於此得到佛的教誨，就應當深加思考，細心體會，各自端正心意，如教奉行，終身不得懈怠。應當尊重聖賢，敬重善知識，仁愛慈悲，博施濟眾，當求濟度世間眾生永脫虛妄生死之道，拔除斷滅生死和各種惡的根源，以脫離三途惡道的憂愁、恐怖和苦痛。你們做善事，首先要做的是什麼呢？首先應當自行端正己身，耳、目、口、鼻，都當自行端正。身心潔淨，方可與善相應。絕對不要順逐嗜好欲望，造下諸種惡業，語言面貌應當敦厚和藹，修行應當專一心志。一舉一動，一言一行，都應當安詳靜定，從容不迫。如果做事張皇失措，必將導致失敗與後悔的結果。若所行不能做到真切篤實，那下再大的功夫也都是徒勞。」

【注釋】

❶ 諦：慎重妥貼。

如貧得寶第三十七

上一品主說惡因必得惡果，本品則著重說明善因善果之理。經中反覆陳說廣修善行方能得到福報，可謂苦口婆心。並提出了修善的具體方法，就是要廣修「六度」，不違教誡，要忍辱包容，精進不捨，以慈悲之心，專一修行。要守齋持戒，務使身心清淨。對於這一法門，應當像貧窮的人得到珍寶一樣的珍惜，受持思考，精勤奉行，並向一切眾生如實轉述，如有違犯，定要深自懺悔，自行改過。如此而行，必能使天下和順太平，眾生不斷提升境界，最終證得無上佛果。

「汝等廣植德本❶，勿犯道禁，忍辱精進，慈心專一。齋戒清靜❷，一日一夜，勝在無量壽國為善百歲。所以者何？彼佛國土，皆積德眾善，無毫髮之惡。於此修善，十日十夜，勝於他方諸佛國中，為善千歲。所以者何？他方佛國，福德自然，無造惡之地。唯此世間，善少惡多，飲苦食毒❸，未嘗寧息。

【譯文】

「你們應當廣修六度，培植功德之本，不可違犯教誡戒律。要忍辱包容，精進不捨，以慈悲之心專一修行。要守齋持戒，務使身心清淨。若能在此穢土依此修行一天一夜，所獲的功德勝過在無量壽國裡行善百年。什麼緣故呢？在西方極樂世界中，都是積功累德無量之人，所以沒有絲毫造作惡業的因緣。而在我們這個五濁惡世之中，修習善行十天十夜，則勝過在其他諸佛國中修善千年。這又是什麼緣故呢？因為他方佛國福德自然而有，沒有造作惡業的餘地。只有我們這個世間，善少惡多，飲八苦水，食三毒味，沒有安寧休止的時候。

【注釋】

❶德本：功德之根本，有兩種解釋，一是指「六度」為一切功德之根本，二是指稱念阿彌陀佛名號為一切功德之本。

❷齋戒：廣義指清淨身心，謹防身心懈怠。其中，清除心的不淨叫做「齋」，禁身的過非叫做戒。狹義則專指「八關齋戒」，或特指過午不食的戒法。「八關齋戒」又稱「八關戒齋」、「八支齋

戒」、「八分齋戒」、「八關齋」、「八戒齋」、「八戒」、「八禁」、「八所應離」。指在家二眾於六齋日受持一日一夜的出家戒律。六齋日，即陰曆每月八日、十四日、十五日、二十三日，以及月底二日。由於學佛目的在於出離生死，所以佛教認為，在家二眾應當在六齋日中的任何一天，到僧團中與出家人一齊過出家生活，受持不殺生、不盜、不淫、不妄語、不飲酒、不香華鬘嚴身歌舞觀聽、不坐臥高廣嚴麗的床座、不非時食即過午不食等八戒，以長養出世善根。

❸ 飲苦食毒：「飲」、「食」都是譬喻用法。「苦」是「三苦」、「八苦」等種種苦難、痛苦。「毒」是貪、瞋、癡等三毒煩惱。這裡主要是表明眾生每日受苦造業從未間斷。

「吾哀汝等，苦心誨喻，授與經法。悉持思之，悉奉行之。尊卑、男女、眷屬、朋友，轉相教語，自相約檢，和順義理，歡樂慈孝。所作如犯，則自悔過。去惡就善，朝聞夕改。奉持經戒，如貧得寶。改往修來，洒心易行❶，自然感降，所願輒得。佛所行處❷，國邑丘聚，靡不蒙化，天下和順；日月清明，風雨以時，災厲不起❸，國豐民安，兵戈無用，崇德興仁，務修禮讓，國無盜賊，無有怨枉，強不凌弱，各得其所。

【譯文】

「我哀憫你們，所以才苦口婆心地開示教導，傳授給你們離苦得樂的方法。你們當受持思考，精勤奉行。對於我的教導，無論尊卑、男女還是你的親眷、朋友，對於一切眾生都要如實轉述，還要時時自相約束、反省、檢點，使言行舉止合順於我的經法教義，以使眾生皆得歡喜安樂，上慈下孝。所作所為如有違犯經戒的地方，定要深自懺悔，自行改過。遠離惡業，親近善行，發現過失，立即改正。奉行經典中的教誡，就像貧窮的人得到珍寶一樣的珍惜。改正以往的惡行，修行善因以為將來積德，滌除心中的污垢，改正行為中的錯失，如此則自然感應到佛力加持，凡所求願，都能圓滿獲得。佛法所推行之處，大到國家、都市，小到鄉鎮、村落，一體眾生無一例外地蒙受教化，天下由此一派祥和順泰：日清月明，風調雨順，災害不生，疾疫不起，國家豐足，人民安樂，兵將解甲，刀槍入庫，尊崇道德，興施仁政，人民講信修睦，禮讓謙和，社會安定和諧，沒有盜賊，亦無怨屈，強不欺弱，眾不暴寡，人人各得其所，安居樂業。

【注釋】

❶洒心易行：洒，為「洗」的古字。「洒心」即洗滌心中污垢煩惱；「易行」即轉惡為善，改邪歸正。

❷佛所行處：指佛所到之處。這裡泛指佛法所流行、推行之處。

❸災厲：「災」指各種自然災害，「厲」指疫癘。

「我哀汝等，甚於父母念子。我於此世作佛，以善攻惡，拔生死之苦，令獲五德❶，升無為之安❷。吾般泥洹❸，經道漸滅❸，人民諂偽，復為眾惡，五燒五痛，久後轉劇。汝等轉相教誡，如佛經法，無得犯也。」

【譯文】

「我對你們的哀憫關切，勝過世間父母對於兒女的慈愛關懷。我在此五濁惡世上示現成佛，傳授種種善法，以對治一切煩惱惡習，徹底拔除生死輪迴之苦，教導眾生修行五善、成就五德，不斷提升境界，最終證得無上佛果。我圓寂之後，佛法經教勢將逐漸湮滅，那時，人心諂曲偽詐，又會造作種種惡業，五燒五痛，愈演愈烈。你們務必要將我的經教輾轉相告，互相勸導勉勵，如佛在經上所說的理論和方法修學，依教奉行，絕不可以違犯。」

【注釋】

❶五德：即不殺生、不偷盜、不邪淫、不妄語、不飲酒等五善。

❷升無為之安：意指提升境界，最終證得無上佛果。

❸般泥洹：又作「般涅槃」。本意為熄滅或吹熄的狀態。佛教中指當煩惱火熄滅之後，即至於智慧完成而臻於覺悟之境，故佛教以達到此一境界為最後目的。

❹經道漸滅：「經道」指佛法，「漸滅」即逐漸消失。這裡是指佛法在佛滅後的末法時期就會逐漸消失。

彌勒菩薩，合掌白言：「世人惡苦，如是如是。佛皆慈哀，悉度脫之。受佛重誨，不敢違失。」

【譯文】

彌勒菩薩合掌頂禮，向釋迦牟尼佛稟白道：「世間人民造作五惡，感得五痛、五燒的苦報，一切皆如我佛所言。佛以大慈大悲之心哀憫眾生，普度一切眾生出離苦海，得到解脫。我等接受佛陀深刻的教誨，絕不敢有絲毫違背、忘失。」

禮佛現光第三十八

本品講述阿彌陀佛及釋迦牟尼佛以慈悲之心和無邊法力加持與會大眾，使在法會中聽法的每一個人，都親自耳聞目睹極樂世界的依正莊嚴。以「三轉法輪」的說法，為了使眾生信受佛法，有「示相轉」、「勸修轉」、「引證轉」三轉，本品屬於「引證轉」，或稱「證轉」、「作證轉」，就是拿出確切證據給與會大眾看，西方極樂世界、彌陀淨土，確確實實地存在，絕非虛無縹緲的存在。同時，本品中還反覆指出了面向西方，恭敬頂禮，口中稱念「南無阿彌陀佛」的淨土法門，這對後世淨土宗教儀式的影響不可忽視。

佛告阿難：「若曹欲見無量清淨平等覺❶，及諸菩薩、阿羅漢等所居國土，應起西向，當日沒處，恭敬頂禮，稱念南無阿彌陀佛❷。」

【譯文】
釋迦牟尼佛告誡阿難說：「你們如果想見無量壽佛以及西方極樂世界諸菩薩、阿羅漢等所居住的淨土，應當起身朝向西方，面對日落之處，恭敬地頂禮，稱念『南無阿彌陀佛』。」

【注釋】
❶無量清淨平等覺：即阿彌陀佛。本經漢代譯本稱無量壽佛為「無量清淨平等覺」，或「無量清淨覺」。
❷南無：又作「南牟」、「那謨」、「南謨」、「那摩」等，意譯為「禮敬」、「歸敬」、「歸依」、「歸命」、「信從」。印度禮儀，低頭合掌，口稱「南無」，即表示致敬。原意含救我、度我、屈膝之意。佛教中多使用於佛、菩薩的名號或佛教經典之前，表示對佛、菩薩以及佛法的歸依、信順和尊崇。如「南無阿彌陀佛」、「南無三寶」等。

阿難即從座起，面西合掌，頂禮白言：「我今願見阿彌陀佛，供養奉事，種諸善根。」

頂禮之間，忽見阿彌陀佛，容顏廣大，色相端嚴，如黃金山，高出一切諸世界上。又聞十方世界，諸佛如來，稱揚讚歎阿彌陀佛種種功德，無礙無斷。

【譯文】

阿難立刻從座位上站起來，面向西方，合掌頂禮，並發願道：「我今願見極樂世界阿彌陀佛，供養侍奉阿彌陀佛，以此培植我的種種善根。」頂禮之間，阿彌陀佛忽然示現在他的面前。阿彌陀佛容顏廣大，色相端正莊嚴，如黃金山一樣，高出一切諸世界之上。又聽到十方世界的諸佛如來，都在稱頌讚歎阿彌陀佛的種種功德，稱頌讚歎之聲遍滿虛空，沒有阻隔，久久不斷。

阿難白言：「彼佛淨剎，得未曾有，我亦願樂生於彼土。」世尊告言：「其中生者，已曾親近無量諸佛，植眾德本。汝欲生彼，應當一心歸依瞻仰。」

【譯文】

阿難稟白道：「今日得見極樂世界清淨莊嚴，都是我從來見所未見、聞所未聞的，我也樂意往生極樂世界。」世尊告訴他說：「西方極樂世界的往生者，過去都曾親近、供養過無量諸佛，培植積累了種種福德善根。你想往生西方極樂世界，就應當一心一意地皈依和瞻仰阿彌陀佛。」

作是語時，阿彌陀佛即於掌中放無量光，普照一切諸佛世界。時諸佛國，皆悉明現，如處一尋❶。以阿彌陀佛殊勝光明，極清淨故，於此世界所有黑山、雪山、金剛、鐵圍、大小諸山❷，江河、叢林、天人宮殿，一切境界，無不照見。譬如日出，明照世間，乃至泥犁、溪谷、幽冥之處❸，悉大開闢，皆同一色。猶如劫水彌滿世界❹，其中萬物，沉沒不現，滉瀁浩汗❺，唯見大水。彼佛光明，亦復如是，聲聞菩薩，一切光明，悉皆隱蔽，唯見佛光，明耀顯赫。

【譯文】

釋迦牟尼佛正說此話的時候，阿彌陀佛就在手掌中放出無量光明，普照一切諸佛世界。這時候，諸佛國都全部顯現出來，如在眼前一尋之處。由於阿彌陀佛殊勝的光明，極其清淨，所以整個世界，一時朗現：所有的黑山、雪山、金剛山、鐵圍山等大大小小的山，乃至所有的江河、叢林、天人宮殿等等一切境界，無一例外地照現出來。如同太陽升起，佛的光明普照世間，乃至於地獄、溪谷、幽冥之處，全都開明朗現，世上一切事物無不耀現出同樣的金色光芒。就好像劫水瀰漫於整個世界，其中的萬物沉沒不現，浩瀚無際，只能看見大水。阿彌陀佛的光明亦是這樣，聲聞、菩薩的一切光明，全都隱蔽不現，唯見佛光明耀無比，顯赫非凡。

【注釋】

❶ 一尋：尋為古代長度單位，相當於兩臂伸開的長度，多以八尺為一尋。這裡用來形容距離非常近。

❷ 黑山：又稱「黑嶺」，位於今阿富汗東部，喀布爾河支流卡瓦河及畢齊河上游處。據《大唐大慈恩寺三藏法師傳》卷二載，玄奘西遊印度，從迦畢試國進入濫波國時，即曾跋涉峻峭峰岩而越過黑山。雪山：多指位於印度半島北邊的喜馬拉雅山脈的總稱，又稱「大雪山」。因四時皆為雪所覆蓋，故有此稱。印度視此山為神聖山脈，經常為其國神話與傳說的題材，佛典中也屢見其名。也有以雪山為蔥嶺西南與都庫什山脈的總稱者。金剛：即金剛鐵圍山，指圍繞整個世界的鐵圍山。也有解作須彌山。

❸ 泥犁：即地獄。

❹ 劫水：是佛經上所說的世界壞滅時所起的大三災之一的水災。據說，壞劫來臨時，水由地下水輪湧出，大雨傾盆而下，雨滴甚粗，或如車軸，或如巨杵，這一災害經歷多年而不止，第二禪天以下，全部將被浸沒而敗壞。

❺混瀁浩汗：指水深廣，浩瀚無際。「混瀁」有深廣的意思，「浩汗」即浩瀚。

此會四眾、天龍八部、人非人等❶，皆見極樂世界，種種莊嚴。阿彌陀佛，於彼高座，威德巍巍，相好光明。聲聞菩薩，圍繞恭敬。譬如須彌山王❷，出於海面，明現照耀。清淨平正，無有雜穢，及異形類，唯是眾寶莊嚴，聖賢共住。

【譯文】

在此法會中的四眾弟子、天龍八部、人非人等，都親眼見到了極樂世界的種種莊嚴。阿彌陀佛端坐在他的高座之上，威嚴肅穆，功德巍巍，瑞相光明。聲聞、菩薩弟子十分恭敬地擁立在他的身邊。好像須彌山王，高高地升出於海面之上，散出無量光明，照耀四方。那裡清淨安穩，寬廣平正，沒有雜亂的污穢之物，也沒有異形怪物，全由各種寶物莊嚴修飾，唯有聖人與賢者居住在一起。

【注釋】

❶天龍八部：略稱「八部眾」，指天神、龍、蛇等護持佛法的八種神族。即天、龍、夜叉、乾闥婆、阿修羅，迦樓羅、緊那羅、摩睺羅伽。「八部眾」中，以天、龍二眾為上首，故標舉其名，

統稱「天龍八部」。「八部眾」不能為凡人肉眼所看到，所以又稱「冥眾八部」。人非人：即「天龍八部」中的緊那羅眾，又稱「疑神」、「疑人」。原為印度神話中之神，後被佛教所吸收。據《華嚴經探玄記》卷二載，此神形貌似人，然頂有一角，人見而起疑，故譯為「疑人」、「疑神」。因其具有美妙的音聲，能歌善舞，又稱「歌神」、「樂神」。

❷ 須彌山王：即須彌盧山王，為佛教十山王之一，因其高於其他諸山，故稱「山王」。此山由純寶所成，大威德天皆住其中；比喻法雲地之菩薩，具足如來之力，成就無畏。

阿難及諸菩薩眾等，皆大歡喜，踴躍作禮，以頭著地，稱念南無阿彌陀三藐三佛陀❶。諸天人民，以至蜎飛蠕動，睹斯光者，所有疾苦，莫不休止，一切憂惱，莫不解脫。悉皆慈心作善，歡喜快樂。鐘磬琴瑟，箜篌樂器，不鼓自然皆作五音。諸佛國中，諸天人民，各持花香，來於虛空散作供養。

【譯文】

阿難及諸菩薩見到阿彌陀佛及其極樂世界，都生大歡喜心，爭相頂禮膜拜，五體投地，口中稱念「南無阿彌陀三藐三佛陀」。諸天界人民，以至飛蠅爬蟲等一切眾生，凡見到阿彌陀佛的殊勝光明者，所有的疾病痛苦，莫不消失，一切的憂愁煩惱，無不解脫。人人都生發慈悲之心，行善積德；各個法喜充滿，歡欣快樂。鐘、磬、琴、瑟、箜篌等樂器，不鼓不彈不吹不奏便自然地發出交響動人的音樂。十方諸佛世界中的諸天人民，也各持鮮花、供香，來到虛空之中，虔誠恭敬地供養佛。

【注釋】

❶三藐三佛陀：又作「三藐三沒馱」、「三耶三佛」、「三耶三佛陀」，意譯為「正遍知」、「正等覺」、「正等覺者」。為如來十號之一。所以「南無阿彌陀三藐三佛陀」即「南無阿彌陀佛」之意。

爾時，極樂世界，過於西方百千俱胝那由他國，以佛威力，如對目前，如淨天眼，觀一尋地。彼見此土，亦復如是，悉睹娑婆世界，釋迦如來，及比丘眾，圍繞說法。

【譯文】

那時，極樂世界雖遠在西方百千俱胝那由他國度之外，以佛的威神之力加持，如同近在眼前，又如同以清淨的天眼，觀看一尋以外的地方那樣清晰明瞭。極樂世界上的聖眾看我們的娑婆世界也是如此清晰明了，他們也看到了釋迦牟尼佛，以及與會的比丘大眾，擁繞著釋迦牟尼佛，聽說佛法。

慈氏述見第三十九

本品與上一品的目的一樣，都是引證除疑，只是本品著重從阿難、彌勒對於耳聞目睹西方極樂世界種種境界之後的親口證實，來證明佛言無妄，彌陀淨土的依正莊嚴真實不虛。在本品中，釋迦牟尼佛與阿難、彌勒一問一答，對於極樂淨土的種種殊勝的真實性都做了確定無疑的回答。最後，通過佛陀提問、彌勒做答的形式，引出了一個作為下一品主題的問題，即是：是什麼因緣，造成西方極樂世界中的人有的胎生，有的化生呢？

爾時，佛告阿難，及慈氏菩薩❶：「汝見極樂世界，宮殿、樓閣、泉池、林樹，具足微妙、清淨莊嚴不❷？汝見欲界諸天❸，上至色究竟天❹，雨諸香華，遍佛剎不？」

【譯文】

那時，釋迦牟尼對阿難以及彌勒菩薩說道：「你們看見極樂世界的宮殿、樓閣、泉池、林樹等一切景物，是否都無一例外的窮微盡妙、清淨莊嚴？你們看見欲界諸天，上至色究竟天，降香花之雨，那花遍散十方佛國淨土了嗎？」

【注釋】

❶ 慈氏菩薩：即「彌勒菩薩」的意譯。據《彌勒上生經》、《彌勒下生經》所載，彌勒出生於婆羅門家庭，後為佛弟子，先佛入滅，以菩薩身為天人說法，住於兜率天。據傳此菩薩欲成熟一切眾生，由初發心即不食肉，因此而名為慈氏。而根據《大日經疏》卷一，又認為慈氏菩薩是因為在佛四無量中的「慈」為第一無量，是從如來種姓中所生，能使一切世間不斷佛種，所以稱為「慈氏」。釋迦牟尼曾作預言為之授記，當彌勒在兜率天四千年（約人間五十七億六千萬年）壽盡時，將下生此世，在龍華樹下成佛，分三會說法。以其代釋迦牟尼佛說教之意，又稱其為「一生補處菩薩」、「補處菩薩」、「補處薩埵」；到那時必將成佛，所以亦稱「彌勒佛」、「彌勒如來」。中國一般寺廟供奉的笑口常開胖彌勒像為五代時的契此和尚，因契此和尚傳說為彌勒化身，因此而為後人塑像供奉。往生兜率天的彌勒淨土信仰，自古與阿彌陀信仰同為佛教徒所重。

❷ 不（ㄈㄡˇ）：同「否」。下文皆同。

❸欲界諸天：即四王天、忉利天、夜摩天、兜率天、樂變化天、他化自在天。欲界六天的共同特質是仍有欲樂，是有淫食二欲的眾生所住的世界。

❹色究竟天：又作「礙究竟天」、「一究竟天」、「一善天」、「無結愛天」、「無小天」。是色界四禪天的最頂位，色界十八天的第十八天，五淨居天之一。此天為修最上品四禪者所生之處，其果報在有色界中為最勝，所以稱「色究竟天」。

阿難對曰：「唯然已見。」

【譯文】

阿難回答說：「您所說的一切，我們確實都看見了。」

「汝聞阿彌陀佛大音宣布一切世界，化眾生不？」

【譯文】釋迦牟尼佛又問道：「你們是否聽到阿彌陀佛說法的聲音，周遍散布十方一切世界，以教化眾生沒有？」

阿難對曰：「唯然已聞。」

【譯文】阿難回答說：「是的，我們確實都聽到了。」

佛言：「汝見彼國淨行之眾❶，遊處虛空，宮殿隨身，無所障礙，遍至十方供養諸佛不？及見彼等念佛相續不？復有眾鳥，住虛空界，出種種音，皆是化作，汝悉見不？」

【譯文】釋迦牟尼佛又說：「你們看見極樂世界清淨修行的菩薩們，遊行於空之中，他們所居住的宮殿亦緊隨身後，沒有任何障礙，他們如此飛行，遍至十方世界，供養諸佛了嗎？你們看到他們念佛相續不斷了嗎？還有各種飛鳥，行於虛空之中，鳴叫出種種悅耳動聽的聲音，這些都是阿彌陀佛的變化所為，你們全都看見了嗎？」

【注釋】

❶淨行之眾：即具足清淨行持的大眾。這裡指極樂世界的菩薩們。

慈氏白言：「如佛所說，一一皆見。」

【譯文】

彌勒菩薩稟白道：「如佛所說，我們確實都一一看見了。」

佛告彌勒：「彼國人民有胎生者❶，汝復見不？」

【譯文】

釋迦牟尼佛又向彌勒菩薩發問道：「西方極樂世界的人民中有的是胎生的，你看到了嗎？」

【注釋】

❶胎生：本意為四生（胎生、卵生、化生、濕生）之一，即由母胎而生。劫初的人類，男女未分，所以都是化生，後來因為發生淫情，生出男女二根，才變為胎生。本經所謂胎生，則與此不同，主要是要說明因疑惑心而念佛往生極樂世界的眾生，最初只能往生到極樂淨土的邊地的蓮胎之中，不能見佛聞法。本經下一品對此情形進行了更為詳盡的介紹。

彌勒白言：「世尊，我見極樂世界人民住胎者，如夜摩天❶，處於宮殿。又見眾生，於蓮華內結跏趺坐❷，自然化生，何因緣故？彼國人民，有胎生者，有化生者？」

【譯文】

彌勒菩薩回答說：「世尊，我看見極樂世界有胎生的人，猶如夜摩天人住在宮殿中一樣快樂。但又看見往生極樂淨土的眾生，都在蓮花內結跏趺坐而自然化生，那是什麼因緣？西方極樂世界中的人又是什麼因緣造成有的胎生，有的化生呢？」

【注釋】

❶夜摩天：意譯為「善時分」、「善時」、「善分」、「妙善」、「妙時分」、「妙唱」、「唱樂」等。欲界六天之第三天。據《正法念處經》卷三十六、《立世阿毘曇論》卷六、《佛地經論》卷五、《慧苑音義》卷上等所載，此天界光明赫奕，無晝夜之分，居於其中，時時刻刻享受不可思議的歡樂。

❷結跏趺坐：又作「結加趺坐」、「結跏跗坐」、「跏趺正坐」、「跏趺坐」、「加趺坐」、「跏坐」、「結坐」。即互交二足，結跏安坐。在諸坐法中，結跏趺坐最安穩而不易疲倦，因此佛教認為是圓滿安坐之相，諸佛皆依此法而坐，所以又稱「如來坐」、「佛坐」。其坐法即雙膝彎曲，兩足掌向上，又可分為「降魔坐」、「吉祥坐」兩種：㈠先以右足壓左股，後以左足壓右股，二足掌仰於二股之上，手亦左手居上，稱為「降魔坐」。天臺、禪宗等顯教諸宗多傳此坐。㈡先以左足壓右股，後以右足壓左股，手亦右手壓左手，稱為「吉祥坐」，密宗亦稱之為「蓮花坐」。如來於菩提樹下成正覺時，身安吉祥之坐，手作降魔印。吉祥坐多見於密教，是以右足表示佛界，左足表示眾生界。以右足壓左足，乃佛界攝取眾生界，眾生界歸佛界之意，即表示生佛不二。

邊地疑城第四十

本品承接上一品，回答彌勒有關往生極樂淨土的眾生，都應在蓮花內結跏趺坐而自然化生，那為什麼自己又親眼看到西方極樂世界中，還有一些人儘管極享福樂，但仍屬胎生的疑問。本品指出，眾生儘管善惡因業，能造成六道輪迴或往生極樂淨土的因果報應，但由於對如來果地的圓滿智慧持懷疑態度；或者儘管堅定相信佛智圓滿，但對自己的善根卻不夠自信，則雖可因其持續念佛不輟，以念佛的功德，結成往生極樂世界的善願之力，最終得以往生西方極樂世界，但由於其心念猶疑不堅，以疑惑心修諸功德，最終只能往生於極樂淨土的邊地疑城中，五百年中不能見佛，不得聽佛說法，不得自在。從而由此勸導人們，應當深信切願，無論對於圓滿佛智還是自身慧根，都莫生疑慮，一心求生淨土。

需要指出的是，本品所謂在「邊地疑城」中的「胎生」，並非果然由結胎而生，其實仍是在蓮花中自然化生的，只是由於他們在七寶疑城中不能出離，所居住的房舍宅院只在地上，不能隨心所欲地變化高低大小。在五百年之中，不能見到阿彌陀佛，也沒有機會聽聞佛的經教，不能見到菩薩、聲聞聖眾。智慧不夠開通明達，對於佛法經典又知之不多，不能心開意解，法喜之心難得生起，所以稱為「胎生」。

佛告慈氏：「若有眾生，以疑惑心修諸功德，願生彼國，不了佛智、不思議智、不可稱智、大乘廣智、無等無倫最上勝智❶，於此諸智，疑惑不信，猶信罪福，修習善本，願生其國。復有眾生，積集善根，希求佛智、普遍智、無等智、威德廣大不思議智❷，於自善根，不能生信，故於往生清淨佛國❸，意志猶豫，無所專據，然猶續念不絕，結其善願為本，續得往生。

【譯文】

釋迦牟尼佛對彌勒菩薩說道：「如果有的眾生用疑惑的態度去修稱念佛號等種種功德，發願往生西方極樂世界，但他們不能明瞭佛智、不思議智、不可稱智、大乘廣智、無等無倫最上勝智的奧妙，對於這些如來果地上的圓滿智慧持懷疑而不相信的態度，但他們還相信五逆十惡等重罪以及五戒十善等福業，能造成六道輪迴或往生極樂淨土的因果報應，因而修習為善功德，發願往生極樂世界。還有一類眾生，積累功德善根，希望求得佛智、普遍智、無等智、威德廣大不思議智，但對自己的善根卻不夠自信，因此，對於是否能往生西方極樂世界，猶疑不定，心志不專，但他仍然能夠持續念佛不輟，以念佛的功德，結成往生極樂世界的善願之力，所以還是能夠往生西方極樂世界。

【注釋】

❶ 佛智：佛所具有的智慧。《大智度論》云：「佛智慧有二種：一者無上正智，名阿耨多羅三藐三菩提，二者一切種智，名薩般若。」而唯識法相則將佛智分為「大圓鏡智」、「平等性智」、「妙觀察智」、「成所作智」等四智，密教則再加上「法界體性智」而成五智。不思議智：意指佛的智慧深不可測，難以思議。唐海東元曉《無量壽經宗要》認為「不思議智」即是「成所作智」。不可稱智：佛的智慧不是言語所能盡述的。《無量壽經宗要》認為「不可稱智」即「妙觀察智」。大乘廣智：佛的智慧深妙無差別，能夠普度無邊有情，同登彼岸，同證無上菩提，所以《無量壽經宗要》認為「大乘廣智」即「平等性智」。無等無倫最上勝智：即佛的智慧至高無上，究竟圓滿，無與倫比，所以《無量壽經宗要》認為與「大圓鏡智」相應。

❷ 普遍智：即上段經文提及的「大乘廣智」。無等智：即上段經文提及的「無等無倫最上勝智」。威德廣大不思議智：即上段經文提及的「不可稱智」與「不思議智」。

❸清淨佛國：即阿彌陀佛佛國淨土，也即西方極樂世界。

「是諸人等，以此因緣，雖生彼國，不能前至無量壽所。道止佛國界邊❶，七寶城中。佛不使爾❷，身行所作，心自趣向。亦有寶池蓮華，自然受身，飲食快樂，如忉利天。於其城中，不能得出，所居舍宅在地，不能隨意高大。於五百歲，常不見佛，不聞經法，不見菩薩聲聞聖眾。其人智慧不明，知經復少，心不開解，意不歡樂。是故於彼，謂之胎生。

【譯文】

「上述兩類人，以他們的因緣福報雖得以往生西方極樂世界，但不能直接前往阿彌陀佛的住所。他們的往生之路只到極樂世界邊上的七寶城中。這並不是阿彌陀佛刻意而為，根本原因在於他們自身的行為和內心的取向不夠堅定。他們也是從寶池蓮花中自然化生，飲食方面的快樂，和忉利天人一樣。但他們在七寶疑城中不能出離，所居住的房舍宅院只在地上，不能隨心所欲地變化高低大小。在五百年之中，不能見到阿彌陀佛，也沒有機會聽聞佛的經教，不能見到菩薩、聲聞聖眾。這些人的智慧不開通明達，對於佛法經典又知之不多，不能心開意解，法喜之心難得生起。由於以上這些原因，所以稱他們為『胎生』。

【注釋】

❶道止：本意為半途而廢之意。這裡指停留。

❷佛不使爾：指上述往生之路只到極樂世界邊上的七寶城中的後果，並不是阿彌陀佛所造成的。

「若有眾生，明信佛智，乃至勝智❶，斷除疑惑，信己善根，作諸功德，至心迴向，皆於七寶華中，自然化生，跏趺而坐。須臾之頃，身相、光明、智慧、功德，如諸菩薩，具足成就。彌勒當知，彼化生者，智慧勝故。其胎生者，五百歲中，不見三寶❷，不知菩薩法式，不得修習功德，無因奉事無量壽佛。當知此人，宿世之時❸，無有智慧，疑惑所致。」

【譯文】

「如果有眾生能明確堅定地信奉佛的圓滿智慧，乃至四種殊勝智慧，斷除對佛智圓滿的所有疑惑，同時也堅信自己的善根，勤修六度萬行，做種種功德善事，並將所修功德全心全意地迴向所願，往生極樂淨土，就可以在七寶蓮花中自然化生，結跏趺而坐。片刻之間，身色相好、光明、智慧、功德，如同諸菩薩一樣，具足成就。彌勒，你們應當知道，這些化生者之所以能得化生，是因為他們的智慧殊勝，超過上述胎生者的緣故。那些胎生者，在五百年中不得見佛法僧三寶，不得見菩薩修行作法的方法，不得修習種種功德，沒有奉事無量壽佛的因緣。應當知道，這是因為這些人在前世的時候，缺乏必要智慧，懷疑佛德圓滿智慧以及自身善根，方才往生到邊地疑城之中。」

【注釋】

❶勝智：指本品前面提及的四種殊勝智慧，即不思議智、不可稱智、大乘廣智、無等無倫最上勝智。

❷不見三寶：這裡指見不到阿彌陀佛，也聽不到阿彌陀佛說法，同時也見不到極樂世界的諸大菩薩。也即本品前面所說的「常不見佛，不聞經法，不見菩薩聲聞聖眾」的意思。

❸宿世：即前生、前世、過去世之意。宿世的生存狀態，稱為「宿命」；宿世的習性，稱為「宿習」；宿世所結的因緣，稱為「宿因」、「宿緣」。宿世所造之業，稱為「宿業」、「宿行」。根據宿世業因而感得的果報，稱為「宿報」。

惑盡見佛第四十一

本品承接上一品，繼續奉勸眾生應當斷除疑惑，堅定信心，以求往生極樂，得見彌陀。本品開首以王子被囚之喻，說明往生到西方極樂世界邊地疑城的眾生，也同被囚的王子一樣。雖能往生淨土，但猶如轉輪聖王的犯罪王子們在七寶獄的園苑宮殿中禁閉一樣，不得自在。所以只會以此為苦，而不會欣喜快樂。只有認識到自己往生邊地、久處蓮胎的根源，深刻地懺悔、自責，希望出離邊地疑城，等到過去世的一切疑惑全部斷盡之後，方才能夠出離此地，得見阿彌陀佛，聽佛說法。最後，本品又借彌勒的疑問，回答了能否往生極樂世界的根據，即眾生應當以「信」為根本，信佛智圓滿，信自根清淨；同時又應以「願」為前提，當誠心發願，求生極樂世界；信願具足，還要輔之以不執著、無分別的「無相」智慧，得到最終的解脫。

「譬如轉輪聖王❶，有七寶獄，王子得罪，禁閉其中。層樓綺殿❷，寶帳金床，欄窗榻座，妙飾奇珍，飲食衣服，如轉輪王。而以金鏁，繫其二足。諸小王子，寧樂此不？」

【譯文】

釋迦牟尼佛繼續說道：「譬如轉輪聖王有七寶獄，如果有王子犯了罪，就被禁閉在裡面。樓閣重重，宮殿華麗，裡面的寶帳、金床、欄杆、窗戶、臥榻、坐椅，都用珍奇異寶裝飾而成，飲食服飾，也同轉輪王本人一樣的規格。但他的雙腳，卻被金鎖鎖住。這些被禁閉的小王子，會喜歡這樣嗎？」

【注釋】

❶轉輪聖王：另作「轉輪王」、「轉輪聖帝」、「輪王」、「飛行轉輪帝」、「飛行皇帝」。即旋轉輪寶之王，是佛教政治理想中的統治者。詳參本經第八「積功累德」品「轉輪聖帝」注釋。

❷綺殿：以綺羅錦緞裝飾而成的宮殿。這裡喻指裝飾得富麗堂皇的宮殿。

慈氏白言：「不也，世尊！彼幽縶時❶，心不自在。但以種種方便，欲求出離。求諸近臣，終不從心。輪王歡喜，方得解脫。」

【譯文】 彌勒菩薩回答道：「不會喜歡的，世尊！王子被禁閉於七寶獄時，失去自由，他們的精神不會自在。只能採用種種辦法，以求從其中出來。他求助於轉輪王身邊的近臣，終究不能如願，只有等到轉輪王高興的時候，才能得到解脫。」

【注釋】

❶幽縶：即幽禁。「縶」本義為拴住馬足的繩索，轉義為拘禁、束縛。

佛告彌勒：「此諸眾生，亦復如是。若有墮於疑悔，希求佛智，至廣大智，於自善根，不能生信，由聞佛名，起信心故，雖生彼國，於蓮華中，不得出現。彼處華胎，猶如園苑宮殿之想。何以故？彼中清淨，無諸穢惡，然於五百歲中，不見三寶，不得供養奉事諸佛，遠離一切殊勝善根❶。以此為苦，不生欣樂。若此眾生，識其罪本❷，深自悔責，求離彼處，往昔世中，過失盡已，然後乃出，即得往詣無量壽所，聽聞經法，久久亦當開解歡喜，亦得遍供無數無量諸佛，修諸功德。汝阿逸多❸！當知疑惑，於諸菩薩為大損害，為失大利，是故應當明信諸佛無上智慧。」

【譯文】

釋迦牟尼告訴彌勒菩薩說：「這些往生到西方極樂世界邊地疑城的眾生，也同被囚的王子一樣。他們對於佛智心存疑竇而生後悔，或者有求佛智乃至廣大智之心，但又對自己的善根不能堅信不移，那麼儘管由於聽聞阿彌陀佛的名號而生起信心的緣故，得以往生西方極樂世界，但在蓮花之中卻不能出現。他們身處蓮花的胎胞之中，猶如轉輪聖王的犯罪王子們在七寶獄的園苑宮殿中禁閉一樣。為什麼呢？因為他們蓮花的胎胞雖然無比清淨而無穢垢染污，但是在五百年之久的實踐中，不能見到佛、法、僧三寶，不能供養侍奉十方諸佛，無緣修習一切殊勝善根。他們只會以此為苦，而不會因此欣喜快樂。但如果這些往生邊地疑城的眾生，能夠認識到自己往生邊地、久處蓮胎的根源，深刻地懺悔、自責，希望出離邊地疑城，等到過去世的一切疑惑全部斷盡之後，就能夠出離此地，立時便得以來到阿彌陀佛的住所，聽聞阿彌陀佛講經說法，久而久之，其心也將得到開悟，心生歡喜，也將能夠普遍無礙地供養十方無量諸佛，修行種種功德。彌勒！你應當明白，疑惑對於諸菩薩來說，損害甚大，只要有此疑惑，那種不退成佛的殊勝利益就不能成就，所以，應當明確堅定地相信諸佛的無上智慧。」

【注釋】

❶ 一切殊勝善根：這裡專指得見阿彌陀佛以及極樂世界的諸大菩薩，並得聞阿彌陀佛說法等善根。

❷罪本：指前面經文所說的對如來果地的圓滿智慧持懷疑態度，或者對自己的善根不夠自信這兩種導致往生邊地、久處蓮胎的疑惑。

❸阿逸多：一般認為「阿逸多」即彌勒的字號，如鳩摩羅什《維摩經註》云：「彌勒，姓也。阿逸多，字也。南天竺婆羅門子。」但也有認為並非彌勒，而是與其同時的釋迦牟尼佛的另一弟子。

慈氏白言：「云何此界一類眾生，雖亦修善，而不求生？」佛告彌勒：「此等眾生，智慧微淺，分別西方，不及天界，是以非樂，不求生彼。」慈氏白言：「此等眾生，虛妄分別，不求佛剎，何免輪迴？」

【譯文】

彌勒菩薩又問道：「為什麼我們這個世界中有這樣一類眾生，他們雖也肯修善積德，但卻不求往生西方極樂世界？」釋迦牟尼佛告訴彌勒：「這一類眾生，由於智慧太過淺薄，以為西方極樂世界不如天界，以為到西方極樂世界得不到真實快樂，所以不求往生西方極樂世界。」彌勒菩薩接著又問道：「這一類的眾生，以其愚癡妄加判斷，不追求佛國淨土，他們憑什麼才得脫離輪迴之苦呢？」

佛言：「彼等所種善根，不能離相，不求佛慧，深著世樂，人間福報，雖復修福，求人天果。得報之時，一切豐足，而未能出三界獄中。假使父母、妻子、男女、眷屬，欲相救免，邪見業王❶，未能捨離，常處輪迴而不自在。汝見愚癡之人，不種善根，但以世智聰辯，增益邪心，云何出離生死大難❷？復有眾生，雖種善根，作大福田❸，取相分別❹，情執深重，求出輪迴，終不能得。若以無相智慧❺，植眾德本，身心清淨，遠離分別，求生淨剎，趣佛菩提，當生佛剎，永得解脫。」

【譯文】

釋迦牟尼佛回答道：「這一類眾生對所修的善根，著相難忘，不求佛的性相無礙的真實智慧，深深執著於世俗的快樂，貪圖於世間的福報享受，所以他們雖然修福，所求的卻是人天福報。得報的時候，一切所需都能滿願，但是終究不能出離三界牢獄。假如他們的父母、妻子、家親眷屬想要救他免除輪迴之苦，但是因為他們的邪知邪見、分別、執著，根深柢固，主宰著他們，使他們無法捨離，所以，這些人仍時時處在輪迴之中，永遠不會得到自在。你們看那些愚癡之人，他們從不修善積德培植善根，只憑著世俗人認為的智慧聰明和能言善辯，攫取世俗利益，助長邪知邪見，這樣的人，怎麼能夠脫離生死輪迴的苦海呢？還有一類眾生，雖也修善積德，培植善根，做了能夠得到大福報善業，但他們往往惑於取相，分別、執著的情執過於深重，這樣，縱然有心出離輪迴苦海，也是終不能成功。如果以不執著、無分別的『無相』智慧，廣修福德，培植善根，身心清淨，無垢無染，遠離妄想、分別、執著，一心追求往生淨土，發求得佛覺悟的無上菩提之心，如此則決定往生西方極樂世界，得到最終的解脫。」

【注釋】

❶邪見業王：即為邪見之業所主宰。「邪見業」指邪知邪見、分別執著所造之業。「王」喻指主宰。

❷生死大難：這裡指沉淪六道輪迴、生死苦海之中。

❸大福田：本經這裡特指持名念佛。

❹取相：執著於事理的外相。

❺無相智慧：「無相」就是不執著，對世法、佛法都不起執著、分別之心。而由無執著的清淨心生起的智慧便是「無相智慧」。

菩薩往生第四十二

本經此前所論往生極樂世界者，或有所謂上中下三輩往生者，或有所謂疑惑未能斷盡而往生邊地疑城者，凡此種種往生者的身分，都屬於眾生往生，本品則進一步說明菩薩往生情狀，可以視為本經前面內容的一個重要補充。十方世界無量無盡菩薩，發心趣向念佛成佛的淨土法門，精進修行，決定往生西方極樂世界。由此凸顯淨土法門，聖凡齊收，利鈍悉被，從而達到普勸眾生，求生極樂的功效。

另外，本品通過羅列眾多佛國的無量菩薩的踴躍往生，無疑能使普羅大眾產生仿效之心，對此簡便易行的念佛法門更易生起信向之願；而動輒以千億萬億計的菩薩往生數據，也無疑為他們的修行給予鼓舞和激勵。還需指出的是，本品還具名列舉了遠照佛剎、寶藏佛剎、無量音佛剎等十三個佛剎，其具體方位、含義尚無確解，如《無量壽經會疏》說：「十三次序，為出世前後，為約方所，其義未明。」所以本經注釋也不做深究，可理解為這十三所佛剎只是無量佛國剎土中的略例。因此品末最後有「十方世界諸佛名號及菩薩眾，當往生者，但說其名，窮劫不盡」的說法。

彌勒菩薩白佛言：「今此娑婆世界，及諸佛剎不退菩薩❶，當生極樂國者，其數幾何？」

【譯文】

彌勒菩薩又向釋迦牟尼佛請教道：「現在我們這娑婆世界，以及在其他的諸佛國土上證得永不退轉果位的菩薩，將來會有多少往生西方極樂世界呢？」

【注釋】

❶不退：即不再退轉的意思。佛教一般有三種不退：一、位不退，證到圓教的初信位，破了見惑，進入聖人的境界，便永遠不再退回到以前凡夫的地位；二、行不退，證到圓教的十信位，破了思惑與塵沙惑，此時專門濟度一切眾生，永遠不會再退回到以前二乘的地位；三、念不退，證到圓教的初住位，不但證悟了自己的靈性，而且得到無生法忍，此時的心便安住在這種真實智慧的念

頭上，永遠不會再退失。

佛告彌勒：「於此世界，有七百二十億菩薩，已曾供養無數諸佛，植眾德本，當生彼國。諸小行菩薩❶，修習功德，當往生者，不可稱計。不但我剎諸菩薩等，往生彼國，他方佛土，亦復如是。從遠照佛剎，有十八俱胝那由他菩薩摩訶薩❷，生彼國土；東北方寶藏佛剎，有九十億不退菩薩，當生彼國；從無量音佛剎、光明佛剎、龍天佛剎、勝力佛剎、師子佛剎、離塵佛剎、德首佛剎、仁王佛剎、華幢佛剎，不退菩薩當往生者，或數十百億，或數百千億，乃至萬億。其第十二佛名無上華，彼有無數諸菩薩眾，皆不退轉，智慧勇猛，已曾供養無量諸佛，具大精進，發趣一乘❸，於七日中，即能攝取百千億劫大士所修堅固之法。斯等菩薩，皆當往生。其第十三佛名曰無畏，彼有七百九十億大菩薩眾，諸小菩薩及比丘等，不可稱計，皆當往生。十方世界諸佛名號及菩薩眾，當往生者，但說其名，窮劫不盡。」

【譯文】

釋迦牟尼佛回答彌勒菩薩說：「在我們這個世界，有七百二十億菩薩，已曾供養過無量諸佛，培植積累了無量的功德善本，將來決定往生極樂世界。至於那些小功行菩薩，也在精進不懈地修習功德，也將往生極樂世界，其人數之多，不可計量。不但是我們這世界的無數菩薩將往生極樂世界，他方諸佛世界的菩薩也一樣要往生極樂世界。單從遠照佛國往生極樂世界的，就有十八俱胝那由他大菩薩；東北方的寶藏佛國，有九十億的大菩薩將往生極樂世界；從無量音佛國、光明佛國、龍天佛國、勝力佛國、師子佛國、離塵佛國、德首佛國、仁王佛國、華幢佛國中將往生西方極樂世界的不退菩薩，有的有數十百億，有的有數百千億，甚至達到萬億。除了上述十一個佛國外，第十二個佛國名無上華佛國，那裡也有無數的菩薩，都證得了阿惟越致不退轉的菩薩果位，他們無不智慧勇猛，已曾供養了無量諸佛，在修學上都具足大精進之功，發心趣向一乘成佛法門，在七天之中，即能攝受大菩薩歷經百千億劫所修的不退轉法。這些菩薩都將得以往生西方極樂淨土。第十三個佛國名叫無畏佛國，其佛國有七百九十億大菩薩眾，至於其他小行菩薩以及比丘等更是多得不可計數，都將決定往生。十方世界諸佛的名號，以及他們佛國中將要往生西方極樂世界的菩薩眾，多得不可計數，單說其名號，歷盡一劫也說不完。」

【注釋】

❶ 小行菩薩：指不退位以下的菩薩。《無量壽經鈔》云：「小行等者，十信菩薩名為小行，對不退故。」這就是說相對前所提及的不退菩薩名為大行菩薩，十信菩薩稱為小行菩薩。所謂「十信」

全稱「十信心」，略稱「十心」。是指菩薩五十二階位中的最初十位，為信順佛之教法而不疑的位次。其名稱、順序，諸經所說不一，如《菩薩瓔珞本業經》卷上說是信心、念心、精進心、慧心、定心、不退心、迴向心、護法心、戒心、願心。《仁王經》卷上說是信心、精進心、念心、慧心、定心、施心、戒心、護心、願心、迴向心。《大佛頂首楞嚴經》卷八所說大略同於《瓔珞經》，唯迴向心與護法心前後次序相反。後來中國佛教中天臺宗多依《瓔珞經》說法，法相宗則多依《仁王經》的說法。

❷ 摩訶薩：「摩訶薩埵」的略稱，「摩訶」為「大」的意思，「薩埵」為「眾生」、「心」的意思，「摩訶薩埵」意譯為「大心」、「大眾生」、「大有情」，指有作佛之大心願的眾生，亦即大菩薩。

❸ 發趣一乘：意指發心趣向念佛成佛的淨土法門。

非是小乘第四十三

本品以下諸品經文，都屬於本經的「流通分」。進入「流通分」，就意味著本經進入了收尾階段，主要就是要付囑弟子令本經之教能流通遠布於後代。彌陀淨土信仰向來被稱為「易行道」，所謂「易行」是指眾生一向專念「南無阿彌陀佛」名號，乘阿彌陀佛本誓願力，即得往生西方極樂淨土，而又由於到了彼佛淨土之後，所見所聞，都是阿彌陀佛說法教化的設施，耳濡目染，無非念佛、念法、念僧，所以容易成就菩提，且能直至位階不退。如此方便簡易的法門，又有如此殊勝的果德，所以反而難以令人生信，故此淨土法門又被視為「難信之法」。本品主旨即在於說明，彌陀淨土念佛法門，絕非小乘，而是大乘第一解脫之道，無疑是依法修行者增進信心的一劑強心針。故經文中反覆強調「不生退屈諂偽之心」、「不應疑悔」云云，都是出於堅定信仰、增進信心，以廣流通的目的。

佛告慈氏：「汝觀彼諸菩薩摩訶薩，善獲利益。若有善男子、善女人，得聞阿彌陀佛名號，能生一念喜愛之心，歸依瞻禮，如說修行，當知此人為得大利，當獲如上所說功德。心無下劣❶，亦不貢高❷，成就善根，悉皆增上❸。當知此人非是小乘，於我法中，得名第一弟子。

【譯文】

釋迦牟尼佛告訴彌勒菩薩：「你看這些十方世界的大菩薩，往生於西方極樂世界，可謂善巧獲得念佛往生的真實利益。若有具足信願行的善男子、善女人，得以聽聞阿彌陀佛名號，便能生發出一念喜愛之心，皈依、禮敬阿彌陀佛，依佛所說如法修行，應當知道，這樣的人是得了一念往生的大利，將獲得如上所說的那些功德。他們心不自卑，也不驕慢自大，積累福德，成就善根，都不斷增益。應當知道，這樣的人絕非小乘中人，在我的教法中，稱得上第一等的弟子。

【注釋】

❶心無下劣：不以自心為低下卑劣之意。這裡可理解為不對自身善根缺乏自信。

❷貢高：傲慢自大之意。這裡可理解為不能堅定相信佛智圓滿。

❸增上：佛教習語。意指加強力量以使事物更形強大。

「是故告汝、天人、世間、阿修羅等❶，應當愛樂修習，生希有心，於此經中，生導師想。欲令無量眾生，速疾安住得不退轉，及欲見彼廣大莊嚴，攝受殊勝佛剎，圓滿功德者，當起精進，聽此法門。為求法故，不生退屈諂偽之心❷，設入大火，不應疑悔。何以故？彼無量億諸菩薩等，皆悉求此微妙法門，尊重聽聞，不生違背。多有菩薩，欲聞此經而不能得。是故汝等，應求此法。」

【譯文】

「因此之故，我告訴你們天人、阿修羅等參加法會的大眾，應當喜歡樂於修習這個念佛成佛法門，並生稀有難得之心，將我現在所授的經典，視為出離苦海、一生平等成佛的導師。凡想讓十方世界無量眾生得以最快速度安住於決定不退轉的果位，以及想要見到阿彌陀佛所攝受的廣大、莊嚴、殊勝、微妙的極樂世界，想要圓滿成就以上功德者，都應當發精進之心，順從依持這念佛往生的淨土法門。為求此正法，不應自生退轉、畏縮、諂曲、虛妄之心，即使身入大火之中，也不應生起任何疑惑、後悔之心。為什麼呢？因為那往生淨土的無量億的諸菩薩眾，全都希求這個微妙的念佛法門，都能夠對此法門尊重、依順和聽聞受持，不生違逆背犯之心。另外還有許多菩薩希望聽聞此經，而無此因緣難遂其願。所以，你們這些有緣大眾，應當努力追求這念佛往生淨土的無上法門。」

【注釋】

❶阿修羅：「六道」之一，意譯為「非天」、「非同類」，因其有天之福而無天之德，似天而非天。又譯作「無端」，因其容貌醜陋，國中男醜女美。為印度最古諸神之一，屬於戰神一類，性好鬥，常與帝釋天（因陀羅神）爭鬥不休，宮殿在須彌山北，大海之下。

❷退屈諂偽：「退屈」指中途退縮、後悔之心。「諂偽」指諂曲奸佞，虛偽不實。

受菩提記第四十四

本品主題在於指出，任何以堅定不退信願，奉行、演說本經之人，都將普受成佛之記，也即將來一定成佛。本品起首即普勸眾生，應當歡喜、信受此一法門，攝取、受持此一法門，並廣向他人宣說，使他人也能以歡喜之心修習此一念佛往生法門。一切善男子、善女人，如果能夠對此一念佛往生法門，不管是過去已求得，或是現在正在求，抑或來日將要求得，都可以獲得往生淨土的殊勝利益。而如果不能聽聞阿彌陀淨土法門，就有在修行無上正等正覺佛智的道路上，退失無上菩提心行的可能。因此，眾生皆當書寫、供養、受持、讀誦本經，演說、勸令他人聽聞本經，從而得到將來決定覺悟成佛的預記。

「若於來世，乃至正法滅時❶，當有眾生，植諸善本，已曾供養無量諸佛，由彼如來加威力故，能得如是廣大法門。攝取受持，當獲廣大一切智智❷。於彼法中，廣大勝解❸，獲大歡喜，廣為他說，常樂修行。諸善男子，及善女人，能於是法，若已求、現求、當求者，皆獲善利。汝等應當安住無疑，種諸善本，應常修習，使無疑滯，不入一切種類珍寶成就牢獄❹。

【譯文】

「如果在將來之世，乃至到佛陀正法衰落後的像法、末法時代，應當有眾生培植福德善本，宿世已曾供養過無量諸佛，由於佛如來的威神之力的加持，使他們能夠修得如我當前所說的這個廣大念佛法門。如能歡喜、信受此一法門，攝取、受持此一法門，即可獲得究竟圓滿真實智慧。對於此一法門有殊勝根本的理解，生大歡喜，以此廣向他人宣說，使他人也能以歡喜之心修習此一法門。一切善男子、善女人，如果能夠對此一念佛往生法門，不管是過去已求得，或是現在正在求，抑或來日將要求得，都可以獲得往生淨土的殊勝利益。你們應當對此法門堅信不疑，積功累德；應當時常修習，使心中沒有疑惑、滯礙，不墮入於一切種類的由種種珍寶修砌而成的牢獄。

【注釋】

❶正法：有兩層含義：一指真正之法，亦即佛陀所說之法，又作「白法」、「淨法」，或稱「妙法」。二指三時（正法、像法、末法）之一。佛陀入滅後，教法住世，依之修行即能證得正果，所以稱為「正法」。本經這裡指後者。所謂「三時」是指將釋迦牟尼佛寂滅之後的佛法住世的時期劃分為正法、像法及末法三個時期。如果將歷代佛法的施行，分為教（教義）、行（實踐）、證（開悟）三方面來衡量，則正法時期即指教、行、證具現的時期。像法時期是雖無得證者，但仍存教、行的時期。至於末法時期則是僅存教法而缺乏行、證的佛教衰微期。經過這三個時期之後，即進入教、行、證均無的法滅時代。

❷一切智智：為佛智的異名。意為一切智中最殊勝者，即佛陀自證的究竟圓滿、盡知一切的真實智慧。

❸廣大勝解：意指廣泛、徹底地理解。

❹一切種類珍寶成就牢獄：泛指諸天、二乘、懈慢國、邊地疑城等極盡世俗之樂但不能徹底解脫的種種境界。「珍寶」喻指其中之樂，「牢獄」喻指未得究竟解脫而不自在。

「阿逸多！如是等類大威德者，能生佛法廣大異門❶，由於此法不聽聞故，有一億菩薩，退轉阿耨多羅三藐三菩提。若有眾生，於此經典，書寫、供養、受持、讀誦，於須臾頃為他演說，勸令聽聞，不生憂惱，乃至晝夜思惟彼剎，及佛功德，於無上道，終不退轉。彼人臨終，假使三千大千世界滿中大火❷，亦能超過❸，生彼國土。是人已曾值過去佛❹，受菩提記，一切如來，同所稱讚。是故應當專心信受、持誦、說行。」

【譯文】

「彌勒！如上所述的所有淨土法門之外的菩薩們雖能開顯佛法中的種種大乘法門，但由於未能聽聞此阿彌陀淨土法門的緣故，有一億個這樣的菩薩在修行無上正等正覺佛智的道路上，退失了無上菩提的心行。倘若有人對於我今宣說的經典，能書寫、供養、受持、讀誦，哪怕僅用片刻的時間為他人演說，勸令他人聽聞此經，不生憂愁煩惱，乃至於不分晝夜地思惟、想念西方極樂世界，以及阿彌陀佛的功德的，這樣的人在修成無上佛道的道路上決定不會退轉。這些人在臨終之時，即使三千大千世界中到處都是劫火災難，他們也能出離三界，往生西方極樂世界。因為這些人在過去世的過去佛那裡，領受過將來決定覺悟成佛的預記，並得到一切諸佛如來的稱讚。因此之故，你們應當專心信受、持誦、宣說、奉行此經。」

【注釋】

❶廣大異門：泛指彌陀淨土法門以外的一切大乘法門。

❷三千大千世界滿中大火：即指壞劫「三災」之一的「劫火」。佛教認為，現實世界要經歷成、住、壞、空四劫，在壞劫之末，會起火災、水災、風災，當火災發生時，七日並出，山崩地裂，海枯石爛，大火從地獄燒到色界的初禪天，初禪天以下世界都將化為灰燼。

❸超過：即超越解脫。

❹值：遇到。

獨留此經第四十五

本品特為避免佛陀滅度之後，眾生重新生出疑惑而宣說。本品認為，在將來世中，經道都將滅盡。釋迦牟尼佛以慈悲哀憫之心，特留本經在世流通一百年。如有眾生得遇此一經典，願意依教奉行，發願求生極樂淨土，就都可得到度脫。佛示現於此一世間，可謂千載難逢，難得一遇。佛所宣說的經法，亦是千載難逢，難得聽聞。而能遇到正知正見的善知識的正確引導，同樣殊為難得。由此可見，佛、法、僧三寶之於淨土信仰的極端重要性。而佛陀滅度之後「獨留此經」，亦愈發凸顯本經的無與倫比，以及本經所宣示的念佛往生法門的究竟方便和不可思議之殊勝。

「吾今為諸眾生說此經法，令見無量壽佛，及其國土一切所有。所當為者，皆可求之，無得以我滅度之後❶，復生疑惑。

【譯文】

「我今日為一切眾生宣說此一經法，就是希望能使一切眾生能夠見到阿彌陀佛，以及西方極樂世界的種種殊勝莊嚴。你們所應當做的，都可隨順此一經法一一求得，不要等到我滅度之後，重新生出疑惑。

【注釋】

❶滅度：音譯為「涅槃」，意譯為「圓寂」，即滅除煩惱，度脫生死。

「當來之世❶，經道滅盡，我以慈悲哀愍，特留此經止住百歲。其有眾生，值斯經者，隨意所願，皆可得度。如來興世，難值難見。諸佛經道，難得難聞。遇善知識❷，聞法能行，此亦難為。若聞斯經，信樂受持，難中之難，無過此難。若有眾生得聞佛聲❸，慈心清淨，踴躍歡喜，衣毛為起❹，或淚出者，皆由前世曾作佛道，故非凡人。若聞佛號，心中狐疑，於佛經語，都無所信，皆從惡道中來，宿殃未盡，未當度脫，故心狐疑，不信向耳。」

【譯文】

「在將來世中，經道都將滅盡，我以慈悲哀憫之心，特留此經在世流通一百年。如有眾生得遇此一經典，願意依教奉行，發願求生極樂淨土，都可得到度脫。佛示現於此一世間，可謂千載難逢，難得一遇。佛所宣說的經法，同樣千載難逢，難得聽聞。能遇到正知正見的善知識的正確引導，聞法之後又能依教奉行，也是殊為難得。如果能聽到這部經，並真正相信，歡喜受持，那更是難中之難，沒有比這更難得的了。倘若有眾生聽到阿彌陀佛的名號，能生起慈悲之心、清淨之心，同時內心踴躍歡喜，甚而遍體汗毛豎立，乃至感動落淚，這些眾生都是在前世曾經依佛道修行的人，所以都是非凡之人。如果聽到阿彌陀佛的名號，心中生起狐疑，對佛經上的話都不相信，則這些人都應是從三途惡道中來，過去的殃災習氣還未了盡，不應該得到度脫，所以他們心存狐疑，不相信念佛往生不退成佛的真實法門。」

【注釋】

❶當來之世：這裡指釋迦牟尼佛示現滅度之後的正法、像法、末法三個時期之後的教、行、證均無的法滅時代，所以本品下文接著講「經道滅盡」。

❷善知識：又作「知識」、「善友」、「親友」、「勝友」、「善親友」，音譯作「迦羅蜜」。指正直而有德行，能教導正道之人。反之，教導邪道之人，稱為「惡知識」。據智《摩訶止觀》卷

四載，善知識有三種，即：㈠外護，指從外護育，使能安穩修道。㈡同行，指行動與共，相互策勵。㈢教授，指善巧說法。而《華嚴經》卷三十六「離世間品」則更有十種善知識之說。

❸佛聲：這裡當指稱念阿彌陀佛名號的聲音。

❹衣毛為起：指遍體毛孔開張，汗毛豎立。

勤修堅持第四十六

本品承接上一品，反覆叮嚀、殷勤付囑與會眾生，務必全力守護本經，依教奉行，為人演說本經，廣利眾生——使世間一切有情眾生脫離苦海，免遭六道輾轉輪迴，同時要精勤修行，堅定不移地受持此經，不可使它毀壞損失，不可妄自增添削減本經所教法門。對於此一經典，應當時時誦念，無有間斷等等。總之，如來佛法盡在本經之中，眾生應當隨順佛陀教誨，追從如來所行，行解相資，修善種福，一念專求往生西方極樂世界。

佛告彌勒：「諸佛如來無上之法❶，十力無畏❷，無礙無著，甚深之法，及波羅蜜等菩薩之法，非易可遇。能說法人，亦難開示。堅固深信，時亦難遭。我今如理宣說如是廣大微妙法門，一切諸佛之所稱讚。付囑汝等，作大守護。為諸有情長夜利益❸，莫令眾生淪墮五趣，備受危苦。應勤修行，隨順我教。當孝於佛，常念師恩。當令是法，久住不滅。當堅持之，無得毀失。無得為妄，增減經法。常念不絕❹，則得道捷❺。我法如是，作如是說。如來所行，亦應隨行。種修福善，求生淨剎。」

【譯文】

釋迦牟尼佛對彌勒菩薩說：「諸佛如來的無上涅槃大法及十力、四無所畏，自在通達，無所執著，義理深奧，還有菩薩的六波羅蜜等超出世間之法，皆是難逢難遇的大法。雖有善能說法之人，於此超情離見、不可思議之甚深法門，亦難於用語言文字而為開示。堅心深信這念佛往生的難信之法的人，在當今也是難逢難遇。我現在契合義理而宣說這廣大微妙的淨土法門，為十方世界一切諸佛所交口稱讚。我今日將此法門付囑給你們，你們要當全力守護本經，依教奉行，為人演說，廣利眾生。為了讓世間一切有情眾生能獲得脫離長夜黑暗苦海的利益，為了不讓眾生沉淪墮入六道輪迴，遭受艱辛苦難的煎熬，你們應精勤修行，受持、讀誦、為人演說，隨順我的教法。應當孝敬佛法，時刻銘記導師的恩德。應當讓這淨土法門久住世間而不湮滅。應當堅定不移地受持此經，不可使它毀壞損失。同時，不可妄自增添削減我的經教法門。對於此一經典，應當時時誦念，無有間斷，果能如此，便是得到了成佛捷徑。我的法門即是如此，我也是如實地講說給你們。如來所行之道，你們也應隨之而行。

修善種福，一念專求往生西方極樂世界。」

【注釋】

❶無上之法：即究竟涅槃之法。如《大智度論》卷五十五云：「如阿毘曇中說，有上法者，一切有為法，及虛空非智緣盡。無上法者，智緣盡所得涅槃，是故知無法勝涅槃者。」

❷十力無畏：詳參本經第十七「泉池功德」品之「十力無畏」注釋。

❸長夜：比喻輪迴六道生死苦海。也即下文「淪墮五趣，備受危苦」之意。

❹常念不絕：有兩層含義，首先是指常念本經，如本經「往生正因」品所謂「聞此經典，受持讀誦，書寫供養，晝夜相續，求生彼剎。」「受菩提記」品亦有「於此經典，書寫、供養、受持、讀誦」等，皆是這一層含義。另一層含義則是稱念「南無阿彌陀佛」名號不絕，這也是本經的最終落腳點。

❺道捷：即修道成道的捷徑。淨土信仰以持名念佛之法為彌陀大願之本，認為最易下手，最易成就，所以稱為「易行法」。

福慧始聞第四十七

本品以偈頌的形式，對經文主旨進行了總結。偈頌為七言，共八首，可分為三層意思。即㈠堅心受持本經之人，決定往生西方極樂世界；㈡慨嘆佛法難聞難見，佛智難明，佛果難知，聽聞淨土法門而能信樂受持，更是難中之難，由此點出他力解脫的念佛法門的必要性；㈢念佛法門為往生極樂淨土的唯一津梁，不但自己信受本經，稱念佛號，而得度脫生死，往生極樂，更當以大乘慈悲普度精神，廣泛弘揚本經，勸人念佛，出離生死，如此方是真正的「真善友」，也即同於如來的善知識。

爾時世尊而說頌曰：

若不往昔修福慧，於此正法不能聞。

已曾供養諸如來，則能歡喜信此事。
惡驕懈怠及邪見，難信如來微妙法。
譬如盲人恆處闇，不能開導於他路。
唯曾於佛植眾善，救世之行方能修。
聞已受持及書寫，讀誦讚演并供養。
如是一心求淨方，決定往生極樂國。
假使大火滿三千，乘佛威德悉能超。
如來深廣智慧海，唯佛與佛乃能知。
聲聞億劫思佛智，盡其神力莫能測。
如來功德佛自知，唯有世尊能開示。
人身難得佛難值，信慧聞法難中難。
若諸有情當作佛，行超普賢登彼岸。
是故博聞諸智士，應信我教如實言。
如是妙法幸聽聞，應常念佛而生喜。
受持廣度生死流❶，佛說此人真善友❷。

【譯文】

於是，世尊宣說了這樣的偈頌：

若不往昔修福慧，於此正法不能聞。
已曾供養諸如來，則能歡喜信此事。
惡驕懈怠及邪見，難信如來微妙法。
譬如盲人恆處闇，不能開導於他路。
唯曾於佛植眾善，救世之行方能修。
聞已受持及書寫，讀誦讚演並并養。
如是一心求淨方，決定往生極樂國。
假使大火滿三千，乘佛威德悉能超。
如來深廣智慧海，唯佛與佛乃能知。
聲聞億劫思佛智，盡其神力莫能測。
如來功德佛自知，唯有世尊能開示。
人身難得佛難值，信慧聞法難中難。
若諸有情當作佛，行超普賢登彼岸。
是故博聞諸智士，應信我教如實言。

如是妙法幸聽聞，應常念佛而生喜。
受持廣度生死流，佛說此人真善友。

【注釋】

❶生死流：指沉淪於六道輪迴、生死苦海的一切眾生。

❷善友：即「善知識」。詳參本經第四十五「獨留此經」品「善知識」注釋。

聞經獲益第四十八

本品為全經最後一品，如同進入最後高潮的大團圓結尾，本品極力宣說列舉聞聽釋迦牟尼佛說法之後，與會大眾所獲得的種種真實利益，以及三千大千世界所現出的種種神奇瑞相。與會大眾，莫不歡欣喜悅，法喜充滿，信受樂行本經所示的彌陀淨土法門。

爾時世尊說此經法，天人世間有萬二千那由他億眾生，遠離塵垢，得法眼淨❶；二十億眾生，得阿那含果；六千八百比丘，諸漏已盡，心得解脫；四十億菩薩，於無上菩提住不退轉，以弘誓功德而自莊嚴；二十五億眾生，得不退忍❷；四萬億那由他百千眾生，於無上菩提未曾發意，今始初發，種諸善根願生極樂，見阿彌陀佛。皆當往生彼如來土，各於異方次第成佛❸，同名妙音如來。

【譯文】

在釋迦牟尼佛宣說這一經法的時候，天界和世間有一萬二千那由他億眾生得以遠離塵世垢土，獲得了見知四真諦的法眼淨；有二十億眾生證得阿那含果位；六千八百名比丘永脫三界，心開意解，證得阿羅漢果位；四十億菩薩在修行無上菩提的道路上得阿惟越致不退轉果位，他們以四十八大誓願利益眾生的功德來莊嚴自己；二十五億眾生獲得了念念皆無退轉的「不退轉忍」果位；有四萬億那由他百千眾生，原先並未發心成就無上佛果，聽佛說此法門之後，才開始發心念佛往生之道，由此廣行善事，積功累德，培植善根，發願往生西方極樂淨土，親見阿彌陀佛。他們也將全部往生阿彌陀佛的極樂淨土，將來各自在十方世界，陸續成佛，都被稱為「妙音如來」。

【注釋】

❶ 法眼淨：又作「淨法眼」、「清淨法眼」。指具有觀見真理等諸法而無障礙、疑惑之眼。吉藏《維摩經略疏》卷四認為，小乘於初果見四聖諦之理，大乘於初地得「真無生法」，均稱為「法眼淨」。

❷ 不退忍：念念皆無退轉，相當於「三不退」中的「念不退」。詳參本經第四十二「菩薩往生」品

的「不退」注釋。

❸異方：指十方世界。

復有十方佛剎若現在生，及未來生，見阿彌陀佛者，各有八萬俱胝那由他人，得授記法忍，成無上菩提。彼諸有情，皆是阿彌陀佛宿願因緣，俱得往生極樂世界。

【譯文】

又有許許多多十方佛土中或是現在往生或是未來往生西方極樂世界以見阿彌陀佛的眾生，每個佛國各有八萬俱胝那由他的眾生，蒙佛授記，得無生法忍，終將證得無上菩提之道。那些有情眾生，全都因為阿彌陀佛在宿世中所立大願功德的緣故，一定得以往生到極樂世界。

爾時三千大千世界六種震動❶，并現種種希有神變，放大光明，普照十方。復有諸天，於虛空中，作妙音樂，出隨喜聲。乃至色界諸天，悉皆得聞，歎未曾有。無量妙花紛紛而降。尊者阿難、彌勒菩薩，及諸菩薩聲聞、天龍八部，一切大眾，聞佛所說，皆大歡喜，信受奉行。

【譯文】

這時，三千大千世界出現六種震動，並出現種種稀有難逢的神奇變化，放出盛大光明，普照十方世界。又有諸天天人在虛空中演奏美妙絕倫的音樂，發出隨喜讚歎的聲音。甚至色界諸天的天人也全都聽到，讚歎這是前所未有的奇蹟。無量無計的妙花此時紛紛而降。阿難長老、彌勒菩薩以及參加法會的諸菩薩、聲聞、天龍八部等一切大眾，聽聞佛所說經法之後，莫不歡喜，並且真正地相信、接受，切實地依照本經的教誨修行。

【注釋】

❶ 六種震動：詳參本經第七「必成正覺」品相關注釋。

◆佛教經典

《無量清淨平等覺經》，後漢支婁迦讖譯，《大正藏》第十二冊。

《佛說無量壽經》，曹魏康僧鎧譯，《大正藏》第十二冊。

《阿彌陀三耶三佛薩樓佛檀過度人道經》，吳支謙譯，《大正藏》第十二冊。

《無量壽如來會》，唐菩提流志譯，《大正藏》第十一冊。

《大乘無量壽莊嚴經》，北宋法賢譯，《大正藏》第十二冊。

◆相關譯釋

黃念祖居士，《佛說大乘無量壽莊嚴清淨平等覺經解》（臺北自印，一九九三）。

淨空法師，《大乘無量壽經簡注易解》（南京古雞鳴寺印，二〇〇四）。

文軍，《白話無量壽經》（三秦出版社，一九九八）。

李淼等主編，《寶積經．勝鬘經．無量壽經．心經》（時代文藝出版社，二〇〇一）。

◆研究專著

陳揚炯，《中國淨土宗通史》（江蘇古籍出版社，二〇〇二）。

望月信亨，《中國淨土教理史》（中國佛教文化研究所印，印行時間未詳）。

肯尼斯．田中，《中國淨土思想的黎明》（上海古籍出版社，二〇〇八）。

劉長東，《晉唐彌陀淨土信仰研究》（巴蜀書社，二〇〇〇）。

中國佛教協會編，《中國佛教》第三輯（東方出版中心，一九八九）。

吳信如，《淨土奧義》（中國藏學出版社，二〇〇四）。

魏磊，《淨土宗教程》（宗教文化出版社，一九九八）。

英武、正信，《淨土宗大意》（巴蜀書社，二〇〇四）。

印順法師，《初期大乘佛教之起源與開展》（臺灣正聞出版社，一九九四）。

印順法師，《淨土新論》（臺灣正聞出版社，二〇〇〇）。

覺醒，《佛教淨土觀》（宗教文化出版社，二〇〇三）。

坪井俊映，《淨土三經概說》，載張曼濤主編，《淨土典籍研究》（《現代佛教學術叢刊》第六十八冊；臺灣大乘文化出版社，一九七九）

◆學術論文

方立天，《彌陀淨土理念：淨土宗與其他重要宗派終極信仰的共同基礎》，載自《學術月刊》，二〇〇四年第十一期。
姚長壽，《淨土三經與淨土五經》，載自《佛教文化》，一九九〇年第二期。
香川孝雄，《〈無量清淨平等覺經〉漢譯考》，載自《佛教文化》，一九九〇年第二期。
魏磊，《淨宗第一經》，載自《佛教文化》，一九九五年第二期。

◆專業詞典

丁福保編，《佛學大詞典》（上海書店，一九九一）。
《中華佛教百科全書》，中華佛教百科文獻基金會（臺北，一九九四）。
《佛光大辭典》（佛光出版社，一九八九）。

白話佛經

無量壽經

2012年10月初版　　定價：新臺幣290元

主編　賴永海
譯注者　陳林
發行人　林載爵

出版者　聯經出版事業股份有限公司
地址　台北市基隆路一段180號4樓
編輯部地址　台北市基隆路一段180號4樓
叢書主編電話　(02)87876242轉203
台北聯經書房：台北市新生南路三段94號
電話：(02)23620308
台中分公司：台中市健行路321號
暨門市電話：(04)22371234ext.5
郵政劃撥帳戶第0100559-3號
郵撥電話：(02)23620308
印刷者　文聯彩色製版印刷有限公司
總經銷　聯合發行股份有限公司
發行所：新北市新店區寶橋路235巷6弄6號2樓
電話：(02)29178022

叢書主編　簡美玉
　　　　　胡金倫
特約編輯　高玉梅
　　　　　陳秀容
校對　簡毓慧
內文排版　翁國鈞
封面設計　陳文德

行政院新聞局出版事業登記證局版臺業字第0130號

本書如有缺頁，破損，倒裝請寄回台北聯經書房更換。　ISBN 978-957-08-4073-5 (平裝)
聯經網址：www.linkingbooks.com.tw
電子信箱：linking@udngroup.com

本書中文繁體字版由中華書局（北京）授權出版

國家圖書館出版品預行編目資料

無量壽經/賴永海主編．陳林譯注．初版．
臺北市．聯經．2012年10月（民101年）．
328面．14.8×21公分（白話佛經）
ISBN 978-957-08-4073-5（平裝）

1.方等部

221.34 101019836